온-디바이스 인공지능

AI문고

인공지능 시대입니다. 기계가 인간의 인지를 대신하고, 사물이 인간을 통하지 않고 다른 사물과 직접 커뮤니케이션합니다. 이에 따른 인간 삶과 문명 변화를 정확히 이해·예측·대응하는 것은 이 시대 우리 모두의 과제입니다. AI문고는 인공지능 기술과 환경의 여러 주제를 10가지 키워드로 정리합니다. 관련 개념과 이론, 학계와 산업계의 쟁점, 우리 일상의 변화를 다룹니다. 인간과 기술의 현재, 미래를 세심히 분석합니다.

일러두기

- 인명, 작품명, 저서명, 개념어 등은 한글과 함께 괄호 안에 해당 국가의 원어를 병기했습니다.
- 외래어 표기는 현행 어문규정의 외래어표기법을 따랐습니다. 다만 딥러닝, 딥마인드 등은 관행을 따랐습니다.

처음이세요?

전문가세요?

온-디바이스 인공지능

이슬기

대한민국, 서울, 커뮤니케이션북스, 2025

온-디바이스 인공지능

지은이 이슬기
펴낸이 박영률

초판 1쇄 펴낸날 2025년 4월 30일

커뮤니케이션북스(주)
출판 등록 2007년 8월 17일 제313-2007-000166호
02880 서울시 성북구 성북로 5-11
전화(02) 7474 001, 팩스(02) 736 5047
commbooks@commbooks.com
www.commbooks.com

ISBN 979-11-430-0000-2 03500

책값은 뒤표지에 표시되어 있습니다.

차례

일상에 스며드는 인공지능

인공지능(AI)은 인간의 지적 능력을 이해하고 모방하는 것을 목표로 하며, 1943년 워런 매컬러(Warren McCulloch)와 월터 피츠(Walter Pitts)가 최초의 인공 신경망을 제안한 이후 지금까지 꾸준히 발전해 왔다. 1980년대 역전파 학습(back-propagation learning) 알고리즘이 재발견되면서 인공 신경망을 효과적으로 학습할 수 있는 기반이 마련되었고, 2012년 알렉스넷(AlexNet)이 이미지넷 챌린지 대회(ImageNet Large Scale Visual Recognition Challenge)에서 압도적인 성능을 보이며 딥러닝(deep learning) 기술이 본격적으로 주목받기 시작했다. 이후 딥러닝 기반 인공지능은 다양한 분야에서 혁신을 이끌었으며 대표적으로 2016년 알파고(AlphaGo)가 프로 바둑 기사 이세돌을 이기면서 대중적으로 큰 관심을 끌었다. 그 후 자율주행 자동차, 의료 진단, 번역 및 자연어 처리 등 여러 산업에서도 인공지능 기술이 빠르게 확산되었다.

2017년 트랜스포머(Transformer) 모델이 등장하면서 인공지능의 크기는 더욱 거대화되었고, 대량의 데이터와 막대한 연산 자원을 활용하는 방향으로 발전해 왔다. 초기 알렉스넷이 약 6000만 개의 파라미터(parameter)를 가졌던 것에 비해 2023년 오픈AI(OpenAI)가 개발한 GPT-4는 약 1.8조 개의 파라미터를 포함하고 있어 3만 배 이상의 규모 차이를 보인다. 이러한 초거대 인공지능 모델은 뛰어난 성능을 자랑하지만, 학습과 운영에 엄청난 비용과 에너지가 소모된다는 문제가 발생하고 있다. 예를 들어 GPT-4의 학습 비용은 약 1억 달러에 달하는 것으로 알려져 있으며, 이를 위해 수만 개의 고성능 그래픽 프로세싱 유닛(GPU)이 6개월 동안 가동된다. 또한 챗지피티(ChatGPT)의 경우 서비스 운영 비용이 하루에 70만 달러에 이르는 것으로 알려져 있으며, 질의응답 하나에도 다수의 GPU가 사용된다.

이렇듯 오늘날 인공지능 기술 발전은 신경망 모델의 거대화를 중심으로 이루어지고 있으며, 이를 학습하고 운영하는 데에는 막대한 컴퓨팅 자원과 전력이 필요하다. 딥러닝 인공 신경망은 주로 병렬 연산이 가능한 GPU를 활용하는데, 특히 엔비디아(NVIDIA)의 고성능 GPU가 널리 사용되고 있다. 그러나 최신 GPU의 가격이 매우 높고, 거대 인공지능 모델을 학습하려면 수천~수만 대의 GPU가 필요해 천문학적인 비용이 발생한다. 또한 GPU의 생산량이 제한적이기 때문에 모든 연구 기관과 기업이 쉽게 접근할 수 없는 실정이며, 계속해서 더 많은 컴퓨팅 자원을 투입하는 방식은 지속 가능하지 않다. 이와 함께 인공지능의 대규모 연산은 막대한 전력을 소비하며 일부 국가에서는 전체 전력 사용량의 상당 부분이 데이터센터에서 발생하는 것으로 나타나 에너지 문제를 심화시키고 있다.

이러한 환경에서 거대 인공지능 모델을 연구·개발할 수 있는 기업은 오픈AI, 구글(Google), 메타(Meta), 아마존(Amazon), 마이크로소프트(Microsoft), 테슬라(Tesla) 등 소수의 글로벌 IT 기업들로 한정되고 있다. 이들은 풍부한 자본과 인프라를 바탕으로 방대한 데이터를 활용해 인공지능 기술을 독점적으로 발전시키고 있으며, 연구 성과를 논문으로 공개하기보다는 독점적으로 운영하는 경향이 강해지고 있다. 이로 인해 대학, 소규모 연구 기관, 신생 기업 들은 인공지능 연구 개발에서 점점 더 어려움을 겪고 있으며, 최신 기술 트렌드를 따라가기조차 힘든 상황이다.

현재 대부분의 인공지능 서비스는 중앙 집중형 데이터센터를 통해 이루어지는데, 사용자의 데이터가 원격 서버로 전송되어 처리된 후 다시 사용자 디바이스로 반환되는 방식이다. 이 과정에서 개인 정보가 무분별하게 수집될 가능성이 있으며, 데이터 보안 및 해킹 위험도 존재한다. 아울러 데이터 전송과 처리 과정에서 지연(delay)이 발생해 실시간(real-time) 처리가 필수인 서비스(예: 자율주행 차량, 증강 현실, 실시간 번역 등)에 장애가 생길 수도 있다.

이러한 문제를 해결하기 위한 대안으로 '온-디바이스(On-Device) 인공지능'이 부상하고 있다. 이는 대규모 GPU 연산이 필요한 거대 모델 대신 경량화되고 효율적인 인공지능 모델을 개발해 스마트폰, 노트북, 스마트워치, 자동차 등 사용자의 디바이스 자체에서 인공지능을 수행하는 방식이다. 온-디바이스 인공지능은 사용자 데이터가 디바이스 내에서 처리되기 때문에 프라이버시 보호 및 보안성이 높아지고, 네트워크 의존도를 낮출 수 있다. 또한 거대한 데이터센터를 필요로 하지 않기 때문에 전력 소비를 줄일 수 있으며, 중앙화된 IT 기업들의 데이터 및 기술 독점을 완화해 보다 공평한 인공지능 활용 기회를 제공할 수 있다.

결과적으로 온-디바이스 인공지능은 단순한 기술적 혁신을 넘어, 지속 가능하고 포용적인 인공지능 생태계를 구축하는 중요한 전환점이 될 것으로 기대된다. 앞으로의 인공지능 발전은 단순히 모델을 거대화하는 것이 아니라 경량화와 최적화를 통해 누구나 효율적으로 활용할 수 있는 방향으로 나아가야 할 것이다.

컴퓨터의 발전은 중앙 집중형에서 점차 분산형으로 변화해 온 과정이라 볼 수 있다. 1940년대 최초의 전자식 컴퓨터인 에니악(ENIAC, Electronic Numerical Integrator and Computer)은 군사용으로 개발된 거대한 기계로, 물리적으로 프로그래밍해야 하는 방식이었다. 이후 1960~1970년대에는 메인프레임(mainframe) 시스템이 등장해 여러 사용자가 시간 공유(time-sharing) 방식으로 동시에 컴퓨터를 활용할 수 있게 되었지만, 여전히 대형 기관에서만 사용이 가능했다. 1970년대부터 개인용 컴퓨터(PC)가 등장하면서 사용자가 직접 컴퓨터를 소유할 수 있게 되었고, 1980년대 IBM PC와 애플(Apple) 컴퓨터의 보급으로 가정과 사무실에서 컴퓨터가 널리 사용되기 시작했다. 이후 2000년대까지 PC는 지속적으로 발전하며 성능이 향상되고 가격이 낮아졌으며, 다양한 소프트웨어가 개발되면서 컴퓨터는 점점 더 일상적인 도구로 자리 잡았다.

2000년대 중반부터는 스마트폰이 등장하며 컴퓨터의

활용 방식이 또 한 번 변화했다. 애플의 아이폰(iPhone)을 시작으로 스마트폰은 기존의 단순한 전화기에서 벗어나 강력한 컴퓨팅 기능을 갖춘 기기로 발전했다. 이에 따라 스마트폰 보급률이 급격히 증가하며 오늘날 전 세계적으로 약 72억 개의 스마트폰이 사용되고 있다. 이는 PC보다 세 배 이상 많은 수다. 스마트폰은 언제 어디서나 사용할 수 있는 개인화된 컴퓨터 역할을 하며, 다양한 애플리케이션을 통해 사용자가 작업을 보다 편리하게 수행할 수 있도록 돕고 있다.

이러한 컴퓨터의 탈중앙화와 확산 흐름은 인공지능 기술에서도 유사하게 나타나고 있다. 현재 대부분의 인공지능 서비스는 대규모 데이터센터에서 실행되며 사용자의 데이터를 중앙 서버에서 처리하는 방식이 일반적이다. 이는 과거 에니악이나 메인프레임 시스템처럼 중앙 집중형 구조를 유지하고 있으며 높은 연산 성능을 제공하지만 사용자의 접근성과 보급성에는 한계가 있다. 그러나 최근에는 스마트폰, 노트북, 태블릿, 스마트워치, 자율주행 자동차 등 다양한 디바이스에서 인공지능 연산을 수행하려는 온-디바이스 인공지능이 각광받고 있다.

온-디바이스 인공지능은 단순히 디바이스에서 AI 모델을 실행하는 것뿐만 아니라 데이터센터와 디바이스

간의 협력적인 연산 방식까지 포함하는 개념이다. 이는 데이터 프라이버시 보호, 실시간 응답 속도 향상, 네트워크 비용 절감 등의 이점을 제공하며, 중앙 서버에 의존하지 않고 개별 디바이스에서 독립적으로 인공지능을 수행할 수 있도록 한다. 현재까지 온-디바이스 인공지능에 대한 명확한 정의는 없지만, 본 책에서는 이를 디바이스에서 완전한 인공지능 추론(inference)과 학습(training)을 수행하는 방식으로 정의하고자 한다. 이는 향후 컴퓨팅의 흐름이 점점 더 사용자 중심으로 변화하고 있으며, 개별 디바이스에서 보다 지능적인 작업을 수행할 수 있도록 발전하고 있음을 시사한다.

온-디바이스 인공지능은 대규모 연산이 필요한 기존 인공지능 모델을 저전력, 저자원 환경에서도 효율적으로 실행할 수 있도록 하드웨어와 소프트웨어 기술을 결합한 방식이다. 현재의 인공지능 모델들은 점점 커지고 있으며, 이를 처리하기 위해 고속 프로세서와 대용량 메모리가 필수다. 그러나 스마트폰, 사물인터넷(IoT) 기기, 가전제품과 같은 일반 디바이스는 고성능 GPU를 탑재하기 어려워 온-디바이스 환경에서 효율적으로 인공지능을 실행하기 위한 대체 기술이 필요하다.

이를 해결하기 위해 다양한 온-디바이스 인공지능 하

드웨어가 개발되고 있다. 임베디드 GPU는 기존의 대형 GPU를 소형화해 디바이스에 탑재할 수 있도록 한 형태이지만, 인공지능 연산에는 비효율적인 측면이 있다. 이를 보완하기 위해 뉴럴 프로세싱 유닛(NPU)이 등장했으며, 이는 인공지능 연산을 전문적으로 가속할 수 있도록 설계된 저전력 프로세서다. 예를 들어 애플의 뉴럴 엔진(Neural Engine)은 얼굴 인식, 음성 인식, 증강현실(AR) 등의 기능을 지원하며, 스마트폰 및 다양한 디바이스에서 온-디바이스 인공지능을 구현하는 데 활용되고 있다. 또한 IoT 기기에서 사용되는 마이크로컨트롤러 유닛(MCU)도 인공지능 연산이 가능하도록 디지털 신호처리기(DSP)를 활용하는 방식으로 발전하고 있다.

소프트웨어적으로는 인공지능 모델을 경량화하는 연구가 활발하게 진행되고 있다. 대표적인 방법으로 가지치기(Pruning)는 인공지능 모델의 불필요한 뉴런과 연결을 제거해 크기를 줄이고, 연산량을 최적화하는 기법이다. 지식 증류(Knowledge Distillation)는 크기가 큰 고성능 인공지능 모델(교사 모델)이 학습한 정보를 크기가 작은 모델(학생 모델)에 전이(transfer)해, 작은 모델이 높은 성능을 유지하면서도 가벼운 구조로 동작할 수 있도록 한다. 또한 양자화(Quantization)를 통해 숫자

연산의 비트 수를 줄여 메모리 사용량을 감소시키고, 연산 속도를 가속하는 방법도 널리 활용되고 있다. 예를 들어 일반적으로 32bit(float32)로 표현되는 모델을 8bit (int8)로 변환하면 메모리 사용량을 네 배 줄이면서도 일정 수준의 성능을 유지할 수 있다.

이러한 온-디바이스 인공지능 기술을 통해 앞으로 스마트폰, IoT 기기, 가전제품 등 다양한 환경에서 인공지능이 더욱 효율적으로 활용될 것으로 예상된다. 특히 전통적인 중앙처리장치(CPU)와 함께 인공지능 연산을 전담하는 프로세서를 탑재한 하드웨어가 보편화되면서, 자원이 제한된 환경에서도 고급 인공지능 기능을 사용할 수 있는 시대가 열릴 것으로 기대된다.

자율주행 자동차, 실시간 통역 및 번역, 인공지능 카메라, 문자 및 메시지 패턴 예측은 모두 온-디바이스 인공지능 기술을 활용한 중요한 사례다. 자율주행 자동차의 경우, 차량은 카메라나 라이다(LiDAR) 센서를 사용해 주변 환경을 실시간으로 감지하고 분석한다. 이 정보는 차량 내부 컴퓨터에서 인공 신경망을 통해 빠르게 처리되며 차량은 신호등, 장애물, 사람, 다른 차량 등을 탐지하고 주행을 제어한다. 테슬라는 이러한 기술을 활용해 자율주행 소프트웨어인 오토파일럿(Autopilot)을 구현, 차량에서 수집된 데이터를 통해 지속적으로 성능을 개선하고 있다.

삼성전자는 갤럭시24 시리즈에 실시간 통번역 온-디바이스 인공지능을 탑재해 대화 내용이 외부 서버로 전송되지 않고 스마트폰 내에서 바로 번역된다. 이를 통해 대화의 흐름을 끊기지 않게 유지할 수 있으며, 순환 신경망(RNN)을 사용해 다양한 길이의 문장을 효율적으로 처리한다. 더 복잡한 인공지능 구조인 트랜스포머도 사용될 수 있으나, 제한된 자원에서 실시간 번역을 수행하기 위해 RNN이 적합하다.

인공지능 카메라는 CCTV 및 스마트폰 카메라처럼 다양한 상황에서 이미지를 분석하고 처리한다. 예를 들어 스마트 CCTV는 사람을 인식하고 가족이 아닌 사람을 감지하면 경고를 보낸다. 또한 스마트 카메라는 사물의 위치를 기억하거나 아기가 위험한 구역에 들어가면 부모에게 실시간 알림을 보낼 수 있다. 이러한 기능은 프라이버시를 보호하면서도 여러 가지 유용한 서비스를 제공한다.

문자 및 메시지 패턴 예측은 스마트폰에서 온-디바이스 인공지능을 사용해 사용자의 문자 입력을 학습하고, 사용자 맞춤형 예측을 제공한다. 이러한 예측은 사용자가 자주 사용하는 단어나 문장 패턴을 기반으로 이루어지며, 이를 통해 더욱 편리한 문자 입력 경험을 제공한다. 온-디바이스 인공지능은 데이터 처리 속도와 개인화된 학습을 통해 사용자에게 보다 효율적이고 개인 맞춤화된 서비스를 제공한다.

온-디바이스 인공지능은 사용자 프라이버시를 향상시키는 강력한 방법이다. 데이터가 디바이스 내에서 처리되어 외부로 전송되지 않기 때문에 민감한 정보가 유출될 위험이 크게 줄어든다. 예를 들어 가정용 카메라에서 수집된 이미지나 영상 데이터를 외부 서버로 전송하는 대신, 디바이스 자체에서 처리함으로써 개인 정보 보호가 가능해진다. 또한 스마트 의료 기기와 같은 민감한 데이터를 처리하는 장치들은 사용자의 건강 정보가 외부로 유출되는 상황을 방지할 수 있다. 예를 들어 심전도(ECG) 분석 기기나 애플 시계와 같은 장치들은 사용자 데이터를 디바이스 내에서 처리해 건강 정보를 안전하게 보호한다.

온-디바이스 인공지능은 연합 학습(federated learning) 기술을 통해 데이터 이동 없이도 인공지능 모델 학습을 수행할 수 있다. 각 디바이스에서 수집된 데이터는 외부로 전송되지 않고 디바이스 내에서만 학습된다. 이후 학습된 모델은 중앙 서버로 전송되어 결합되므로 데이터 유출 없이 여러 디바이스의 데이터를 활용한 학습이 가능하다. 이 방식은 특히 의료 데이터와 같은 민감한 정보를 처리할 때 유용하며, 각 병원의 데이터가 외부로 전송되지 않고도 인공지능 모델을 학습할 수 있게 한다.

보안 측면에서도 온-디바이스 인공지능은 중요한 이점을 제공한다. 데이터를 외부와 송수신하지 않음으로써 해킹과 보안 위협을 최소화할 수 있다. 자율주행 자동차의 경우, 외부와의 네트워크 연결을 끊어 해킹을 방지하고 차량이 외부의 개입 없이 독립적으로 주행할 수 있도록 한다. 만약 자율주행 자동차의 데이터를 외부로 전송해 처리하는 경우, 해킹 위험이 커지고 보안에 취약해질 수 있기 때문에 온-디바이스 인공지능의 활용이 중요하다. 이처럼 온-디바이스 인공지능은 데이터 보호와 보안을 강화하면서도 지능형 서비스를 제공할 수 있게 하며, 외부와의 연결을 최소화해 보안 효율성을 극대화하는 방법으로 자리 잡고 있다.

대부분의 모바일 및 임베디드 디바이스는 제한된 컴퓨팅 자원으로 인해 인공지능 처리가 어려운 상황이다. 따라서 AI 서비스는 주로 데이터센터에서 처리되며, 디바이스는 와이파이(Wi-Fi), 5G, 6G와 같은 네트워크를 통해 데이터를 송수신한다. 그러나 모든 디바이스가 항상 네트워크에 연결될 수 있는 것은 아니며 네트워크 연결이 불가능하거나 통신 속도, 지연 시간(latency), 대역폭(bandwidth)이 부족한 환경에서는 AI 서비스를 제공할 수 없다. 이러한 제약은 AI 기술의 활용 범위를 제한하고 통신 네트워크에 과도하게 의존하게 만든다.

또한 데이터센터 기반 AI 기술은 대량의 데이터를 주기적으로 송수신해야 하므로 막대한 데이터 트래픽을 발생시키며, 이로 인해 네트워크 대역폭 부족, 데이터 처리 지연, 인프라 부담 증가, 보안 위험[예: 분산 서비스 거부(DDoS) 공격, 데이터 유출] 등의 문제가 발생한다. 이러한 문제는 통신 인프라의 업그레이드 및 추가 비용을 요구하며, 환경에 미치는 부정적인 영향도 고려해야 한다. 특히 고속 통신이 불가능한 디바이스에서는 AI 서비스를 실행할 수 없는 상황이 발생한다.

반면 온-디바이스 AI는 외부 네트워크에 의존하지 않고 디바이스 자체에서 AI를 실행할 수 있는 기술이다. 이를 통해 데이터 송수신을 최소화하거나 발생시키지 않음으로써 네트워크 부담을 줄이고, 통신 속도와 대역폭 문제를 해결할 수 있다. 온-디바이스 AI는 효율적인 네트워크 설계, 에지 컴퓨팅, 데이터 압축, 지능형 트래픽 관리 알고리즘 등을 통해 데이터 송수신을 안정적으로 지원하며 비용과 환경 영향을 최소화할 수 있다. 또한 중앙 집중형 AI 대신 분산형 AI라는 새로운 패러다임을 가능하게 해 다양한 장소와 네트워크 환경에 구애받지 않는 진정한 유비쿼터스(ubiquitous) AI 시대를 열 수 있다.

현재 데이터센터 기반 인공지능 시스템은 물리적인 통신 네트워크로 인해 데이터 송수신 시 지연이 발생하며, 이로 인해 실시간으로 수행해야 하는 인공지능 애플리케이션에 문제가 생긴다. 예를 들어 자율주행 자동차는 실시간으로 주변 물체를 탐지하고 회피하는 기능을 수행해야 하는데, 외부 데이터센터로 데이터를 송수신하면 약간의 지연만으로도 큰 사고로 이어질 수 있다. 대화 통역 시스템도 마찬가지로, 실시간 번역이 필요할 때 지연이 발생하면 자연스러운 대화가 불가능해진다. 이러한 문제를 해결하기 위해 온-디바이스 인공지능 기술이 도입된다. 차량 내에서 데이터를 직접 처리하거나 스마트폰에서 번역을 수행함으로써, 외부 데이터센터로의 데이터 송수신 없이 실시간 처리가 가능해진다.

온-디바이스 인공지능은 시스템 최적화를 통해 실시간 인공지능 서비스를 더욱 효율적으로 제공한다. 디바이스 내에서 인공지능 알고리즘을 해당 디바이스의 하드웨어 자원에 맞게 최적화해 연산 속도와 품질을 높일 수 있다. 예를 들어 최신 스마트폰에서는 CPU와 GPU를 병렬로 활용해 더 빠른 처리가 가능하고, 큰 메모리를 이용해 대용량 데이터를 효율적으로 처리할 수 있다. 시스템 최적화를 통해 실시간으로 고속, 고품질의 인공지능 서비스를 제공할 수 있다.

또한 현장에서 발생하는 데이터를 효과적으로 활용하면 실시간 처리 효율을 더욱 높일 수 있다. 예를 들어 비슷한 데이터를 연속으로 수집할 때 현장의 변화가 없다는 것을 감지하고 첫 데이터만 빠르게 처리하는 방식으로 불필요한 처리 시간을 줄일 수 있다. 반대로, 드물게 발생하는 중요한 데이터는 더 정밀하게 처리해 인공지능 서비스의 품질을 향상시킬 수 있다. 현장 상황을 반영한 데이터 처리 방법은 실시간 인공지능 서비스의 성능과 질을 크게 개선할 수 있다.

온-디바이스 인공지능의 가장 큰 장점은 인공지능 서비스의 맞춤화와 개인화가 가능하다는 점이다. 기존의 인공지능은 데이터센터에서 학습된 후 디바이스에 배치되어 동일한 서비스를 제공하는 방식으로, 사용자나 디바이스의 상황을 고려하지 않았다. 반면 온-디바이스 인공지능은 디바이스에서 발생한 데이터를 통해 인공신경망을 재학습해 사용자와 디바이스에 맞춘 맞춤형 서비스를 제공한다. 이를 가능하게 하는 기술이 바로 온-디바이스 학습으로, 이 방식은 온-디바이스 추론과 달리 디바이스에서 발생하는 데이터를 활용해 신경망을 업데이트하는 과정이다.

온-디바이스 학습은 주로 파인튜닝(fine-tuning)과 도메인 적응(domain adaptation) 기술을 통해 이루어진다. 파인튜닝은 이미 사전 학습된 신경망을 디바이스의 특정 데이터를 바탕으로 재학습해, 해당 임무를 잘 수행하도록 만드는 기술이다. 도메인 적응은 데이터센터에서 학습된 신경망이 현장의 데이터에 잘 적응할 수 있도록 조정하는 방법으로, 도메인 간의 차이를 해결해 인공지능 서비스의 품질을 유지한다. 이와 같은 온-디바이스 학습을 통해 인공지능은 시간이 지나면서 사용자와 디바이스에 맞게 지속적으로 개인화되고 고도화된다.

결국 온-디바이스 인공지능 학습은 변화하는 사용자 및 디바이스의 데이터를 끊임없이 학습해, 사용자의 요구와 상황에 맞게 적응하는 평생 학습(lifelong learning)을 가능하게 만든다. 이를 통해 영화 속 인공지능 비서인 '자비스'처럼 사용자의 개성과 패턴을 반영한 개인화된 지능형 에이전트가 등장할 수 있다. 이와 같은 기술 발전은 스마트한 개인 비서 시스템을 실현하는 중요한 기반이 될 것이다.

온-디바이스 인공지능은 사용자가 인식하지 못하는 자연스러운 방식으로 현장 데이터를 기기에서 즉시 처리해 인공지능 서비스가 언제 어디서나 존재할 수 있게 만든다. 이는 중앙 집중형 인공지능의 한계를 극복하고 데이터와 기술의 독점 문제를 완화시킬 수 있다. 온-디바이스 기술은 모든 디바이스에 스며들어 강건하고 유연한 인공지능 환경을 제공한다.

또한 여러 디바이스가 서로 연결되어 지식과 경험을 공유하면, 초연결 집단 지능을 형성할 수 있다. 이는 개별 디바이스에서 해결할 수 없었던 문제들을 집단 지성으로 해결할 수 있게 한다. 디바이스들이 융합된 지식을 통해 새로운 정보를 창출하며, 기존의 한계를 넘어서는 혁신적인 해결책을 제시할 수 있다.

이러한 초연결 집단 지능은 인간의 지식 습득, 공유, 창출 과정과 유사하게 발전하며, 디바이스들이 빠르게 지식의 통섭을 이루는 속도를 보여 준다. 이를 위해서는 디바이스 간 지식과 정보의 표준화가 필요하며 새로운 인공지능 학습 메커니즘이 요구된다. 이렇게 완성된 초연결 집단 지능은 우리가 숨 쉬는 공기처럼 자연스럽고 지속 가능한 인공지능 시대를 열어 줄 것이다.

01
인공지능의 발전 과정과 방향

인공지능의 초기 단계부터 미래 발전 방향까지 살펴본다. 초기의 인공지능 기술은 성능이 미흡했으나 데이터의 폭발적 증가와 반도체 기술 및 알고리즘의 지속적인 발전을 기반으로, 현재는 인간의 지적 능력을 뛰어넘는 수준에 도달했다. 이러한 성과를 바탕으로 인공지능은 이제 효율화와 상용화를 통해 다양한 실제 제품과 서비스로 빠르게 확산되고 있다.

AI와 1인 창업?

인간 지능에서 인공지능으로

지능 및 지적 능력은 인간에게 매우 중요하다. 인류는 스스로를 호모 사피엔스(Homo sapiens), 즉 '지혜로운 인간'이라고 정의하고 수천 년 동안 인간이 어떻게 사고하는지, 자신보다 훨씬 크고 복잡한 세계를 어떻게 인지하고 이해하며 예측하고 조작할 수 있는지 이해하려고 노력해 왔다. 인공지능은 여기서 한발 더 나아간다. 지능이 무엇인지 단순히 이해하려는 시도를 넘어, 지적인 존재를 직접 만들어 내는 것을 목표로 한다.

인공지능은 과학 및 공학 분야에서 가장 새롭게 등장한 학문 중 하나다. 인공지능의 본격적인 연구는 제2차 세계대전 이후 시작되었으며, '인공지능'이라는 용어는 1950년대에 처음 만들어졌다. 이러한 인공지능은 오늘날 여러 분야의 과학자들이 가장 참여하고 싶은 학문 분야로 자주 꼽히고 있다. 물리학을 전공하는 학생은 갈릴레이, 뉴턴, 아인슈타인 등의 선구자들이 이미 모든 중요한 아이디어를 연구했다고 느낄 수도 있다. 반면 인공지능은 여전히 미지의 영역으로 아인슈타인이나 에디슨과 같은 과학자가 등장해 획기적인 발전을 이끌기를 기다리고 있다.

최초의 인공지능과 딥러닝

일반적으로 최초의 인공지능으로 인정받는 연구는 워런 매컬러와 월터 피츠가 1943년에 수행한 것이다. 그들은 두뇌의 뉴런 생리학과 기능, 러셀(Russell)과 화이트헤드(Whitehead)의 명제 논리 형식 분석, 그리고 튜링(Turing)의 계산 이론을 바탕으로 인공 신경망을 처음 제안했다. 인공 신경망 모델에서는 각각의 뉴런이 '켜짐(on)' 또는 '꺼짐(off)' 상태로 구분되며, 충분한 수의 이웃 뉴런들로부터 자극을 받을 때 '켜짐'으로 전환되도록 인간 두뇌를 모방했다.

그 후 수십 년 동안 다양한 인공지능 모델이 제안되었으나 인간 두뇌의 뉴런 연결을 기반으로 한 최초의 인공 신경망 모델이 1980년대 초반부터 다시 주목받기 시작했다. 특히 1980년대 중반에 여러 컴퓨터공학 연구자가 브라이슨(Bryson)과 호(Ho)가 1969년에 처음 개발한 역전파 학습 알고리즘을 재발견했다. 그 후 연구자들은 역전파 학습 알고리즘을 인공 신경망에 적용함으로써 여러 계층의 복잡한 인공 신경망을 효과적으로 학습할 수 있는 이론적 토대를 마련하게 되었다.

이렇듯 컴퓨터공학의 60년 역사 동안 인공지능 연구의 주요 대상은 주로 인공지능 모델 및 알고리즘에 중점을 두었다. 그러나 인공지능 분야의 최근 연구는 복잡한 문제를 해결하는 데 데이터의 양과 질이 어떠한 인공지능 알고리즘을 사용하는지만큼 중요하다는 것을 밝혀냈다. 이에 따라 2000년대 이후 인공 신경망 학습 방법 및 알고리즘 발전과 더불어 인공지능 학습에 필요한 데이터가 활발히 수집되기 시작했다. 인터넷의 등장과 정보를 처리하고 보관하는 컴퓨터 및 데이터베이스 기술의 발전을 통해 기존에는 상상할 수 없었던 대량의 데이터를 인공지능 학습에 활용할 수 있게 된 것이다. 예를 들어 웹에서 수집한 수조 개의 영어 단어와 수십억 개의 이미지, 혹은 수십억 개의 염기서열을 포함한 유전체 데이터 등이 그 예시다.

1980년대의 역전파 학습 이론과 2000년대 이후 수집된 다량의 데이터가 결합되어 GPU와 같은 고성능 컴퓨터 반도체에서 효과적으로 학습을 수행할 수 있는 딥러닝 인공 신경망이 등장했다. 딥러닝 기술은 다수의 인공 신경망을 계층적으로 깊게(deep) 쌓아 데이터를 학습(learning)함으로써 기존의 인공지능이 풀 수 없었던 어렵고 복잡한 다양한 문제를 해결할 수 있는 기틀을 마련했다.

이러한 딥러닝이 인공지능 연구자 사이에서 주목받게

된 사건이 2012년에 발생한다. 1000개의 물체를 주어진 이미지로부터 분류하는 이미지넷 챌린지 대회에서 딥러닝을 기반으로 한 알렉스넷이 16.4%의 오차율로 우승을 차지한 것이다. 2등을 차지한 방법론은 딥러닝 인공지능을 사용하지 않았으며 26.2%의 오차율을 달성했다. 우승을 차지한 알렉스넷은 2등보다 무려 9.8%나 작은 오차를 달성한 것인데, 이는 당시 연구자들이 달성 불가능한 것으로 여긴 성능이다. 그 당시 딥러닝은 실용적이지 않다고 여겨졌던 아이디어에 불과했지만 알렉스넷은 딥러닝이 단순한 아디이어에 그치지 않음을 보여 주었고, 이를 실제로 구현해 높은 성능의 인공지능을 실현할 수 있다는 것을 세상에 알렸다. 이후 다양한 딥러닝 인공지능 모델이 개발되기 시작해 딥러닝을 기반으로 한 인공지능 붐이 일어나게 되었다.

그 후 딥러닝은 다양한 분야에 공격적으로 적용되어 차츰 대중적으로 주목받기 시작했다. 딥러닝을 기반으로 한 딥마인드(Deep Mind)의 강화 학습 모델인 알파고가 2016년 이세돌 9단과의 바둑 대결에서 승리한 것이 대중에게 인공지능과 딥러닝의 능력을 널리 보여 준 사례라고 할 수 있다. 알파고의 등장 이후로 바둑계는 수천 년간 이어진 바둑의 정석 대신 인공지능이 제시하는 새로운 수를 이해하고 활용하는 방향으로 변화하고 있다. 또한 테슬라는 2014년 최초의 자율주행 전기차인 모델 S(Model S)를 출시했다. 테슬라의 오토파일럿 소프트웨어는 딥러닝 인공 신경망을 기반으로 한 물체 및 사물 인식 능력을 사용해 자율주행을 가능하게 하며 그 수준이 지속적으로 업그레이드되고 있다. 2024년 테슬라는 600만 대 이상의 딥러닝 기반 자율주행 자동차를 판매했으며 판매량이 곧 700만 대를 넘을 것으로 예상된다.

인공지능의 초거대화

앞서 서술한 바와 같이 딥러닝 기술의 핵심은 다수의 인공 신경망을 계층적으로 깊게 쌓아 다량의 데이터를 학습하는 것이다. 연구자들은 곧 딥러닝의 계층(layer)을 더욱 깊게 할수록 인공지능 성능이 향상된다는 것을 발견했다. 앞서 예로 든 알렉스넷은 일곱 개 계층의 인공지능 신경망으로 구성되어 16.4%의 물체 분류 오차율을 보여 주었으나, 그 후에 등장한 인공지능은 몇십 혹은 몇백 개 이상 계층의 인공지능 신경망을 극단적으로 깊게 쌓아 10% 이내의 물체 분류 오차율을 달성했다. 즉, 인공 신경망이 깊어지고 커질수록 향상된 성능의 인공지능을 개발할 수 있다는 경향을 발견한 것이다. 2017년

'트랜스포머'라는 새로운 딥러닝 구조의 등장과 함께 이러한 인공지능 모델의 거대화가 가속화되었다. 딥러닝 인공 신경망의 크기는 모델 파라미터 개수로 간접적으로 측정되는데, 2012년에 개발된 초기 알렉스넷은 6000만 개의 파라미터로 구성되어 있었다. 반면에 2023년 개발된 오픈AI의 생성형 모델인 GPT-4의 경우 1.8조 개의 파라미터로 구성되어 있는 것으로 알려져 있는데, 이는 알렉스넷보다 3만 배 더 큰 규모다. 단순 계산으로 알렉스넷은 대략 60MB의 저장 용량만을 차지하는 반면 GPT-4의 경우 1.8TB가 필요한 것이다. 이러한 딥러닝 인공지능 모델의 거대화는 현재 범용 인공지능(AGI, Artificial General Intelligence)을 가능하게 하는 한 방법으로 여겨지고 있으며, 이를 달성하기 위해 많은 연구가 이루어지고 있다. 범용 인공지능은 어떤 환경에서도 학습하고 행동할 수 있는 알고리즘을 의미하는 것으로 인간을 뛰어넘는 초지능을 목표로 한다.

효율적, 실용적, 경제적인 인공지능

이러한 인공지능의 거대화를 통해 기존에는 불가능한 것으로 여겨졌던 다양한 일들을 생성형 인공지능이 수행하기 시작했다. 2022년에 처음 서비스를 시작한 오픈

AI의 챗지피티는 사용자의 다양한 질문에 답을 할 뿐 아니라 번역 작업을 수행하고 논리적인 프로그래밍을 하며 고도의 추론까지 할 수 있는 수준에 이르렀다. 또한 소라(Sora)는 사용자의 입력 텍스트로부터 실제 영화와 같은 생생한 비디오 동영상을 생성하는 서비스를 2024년 말에 일반 대중에게 공개했다.

이렇듯 다양한 거대 생성형 인공지능 서비스는 제품화되어 일상생활에서 빠르게 활용되기 시작했으나 그 뒤에는 막대한 청구서가 발생하고 있다. 거대화된 모델을 다량의 빅데이터로 역전파 학습을 하는 데는 막대한 비용과 시간이 필요하다. 오픈AI의 GPT-4의 경우 한 번의 모델 학습에 약 1억 달러의 비용이 소요되는 것으로 알려져 있다. 이를 위해 고성능 인공지능 반도체인 GPU 1만여 대를 6개월 동안 사용해 학습을 수행하는데 이에 필요한 전력 소모량은 약 7200MWh에 달하는 것으로 추정된다. 이는 한국인 한 명이 1년간 사용하는 전력량인 1만652kWh의 675배에 달하는 양이다. 거대 인공지능 모델 학습만이 큰 비용을 유발하는 것은 아니다. 챗지피티의 경우 서비스 운영 비용이 하루에 70만 달러에 이르는 것으로 추정되고 있으며 사용자 질의 한 개당 GPU 여덟 개를 사용해 모델 추론을 수행하는 것으로 알려져 있다.

이러한 막대한 운영 비용과 컴퓨팅 인프라를 감당하기 위해 현재 오픈AI는 마이크로소프트의 데이터센터 서버, 시스템 및 인력에 의존하고 있는 것으로 알려져 있다.

이렇듯 많은 인공지능 연구자와 관련 기업들은 오늘날 거대 인공지능의 연구 개발과 운영이 지속 가능하지 않을 수도 있다는 점을 서서히 깨닫고 있다. 인공지능의 거대화로 인한 고비용 구조에서는 새로운 인공지능 서비스를 비즈니스적으로 그리고 경제적으로 성공시키는 것이 점점 어려지고 있다. 따라서 고성능 인공지능을 효율적으로 개발하고 경제적으로 서비스할 수 있는 방법이 필요해졌으며, 이를 해결하기 위한 다양한 방법이 연구되고 있다. 가장 간단한 방법은 거대화된 인공지능 모델을 경량화, 효율화, 최적화해 그 크기를 획기적으로 줄임으로써 저비용-고효율 인공지능 기술을 개발하는 것이다. 지난 몇십 년간 인공지능 성능 향상을 위해 가능한 모든 자원과 비용을 투입해 오늘날의 뛰어난 성능에 이르렀으나 이제 그 한계에 다다랐다. 기술적, 성능적인 면에서 완성도가 높아지기 시작한 인공지능 기술은 이제 효율화, 실용화, 경제성이라는 새로운 도전에 직면한 것이다.

02
오늘날 인공지능의 한계

초거대화된 인공지능을 학습하고 운영하기 위해서는 데이터센터 수준의 방대한 컴퓨팅 자원과 전력 및 다량의 데이터를 필요로 한다. 이로 인해 대규모 인프라와 막대한 비용을 감당할 수 있는 일부 조직에 인공지능 기술과 데이터가 집중되고 있으며, 이는 프라이버시와 보안 문제를 초래하고 실시간 인공지능 서비스 구현을 어렵게 만들고 있다.

AI와 MBTI?

막대한 컴퓨팅 자원 및 전력 소모

거대화된 인공지능을 학습하고 수행하기 위해서는 막대한 컴퓨팅 자원이 필요하다. 딥러닝 인공 신경망의 경우 GPU라는 컴퓨터 반도체를 사용하는데 주로 엔비디아에서 제작한 제품을 사용한다. GPU는 다수의 연산을 수행하는 거대한 딥러닝 인공 신경망을 다수의 프로세서를 사용해 병렬적으로(parallel) 처리한다. 이를 통해 반복적인 역전파 학습을 매우 빠른 시간 안에 처리할 수 있다. 하지만 거대 인공지능 모델을 학습하기 위해서는 다수의 GPU가 필요하다.

하지만 GPU는 고가의 최첨단 장비로, 엔비디아의 최신 GPU인 H100 GPU 모델의 가격은 제품 한 대에 2만 5000달러에 이른다. 앞서 살펴본 바와 같이 오픈AI의 GPT-4를 학습하는 데 GPU 1만여 대가 사용되는데 이를 위한 GPU 구매 비용을 계산하면 250만 달러에 이른다는 것을 알 수 있다. 최근 몇 년간 딥러닝 인공지능 모델의 거대화가 가속화됨에 따라 더 많은 GPU가 필요해지고 있다. 예를 들어 2025년 출시를 목표로 한 오픈AI GPT-5의 경우 파라미터 개수가 약 5조 개에 이를 것으로 예상되며, 이는 현재 가장 큰 인공지능 모델인 GPT-4보다 약 세 배 정도 큰 규모다. 이러한 거대화 흐름이 계속될 경우 더욱더 많은 컴퓨팅 자원이 필요할 것으로 예상되는데 이렇게 막대한 컴퓨팅 반도체를 계속해서 투입하는 것은 현실적으로 어려움이 있다. 엔비디아의 최신 GPU인 H100 GPU는 제한된 생산량으로 인해 현재 제품을 구매할 수가 없는 상황이다. 만약 엔비디아가 최신 GPU를 무한히 제작해 공급할 수 있다 하더라도 이러한 방향의 인공지능 발전은 막대한 컴퓨팅 자원을 소모하면서 진행되므로 지속 가능하지 않다고 할 수 있다.

이처럼 거대 인공지능 모델은 막대한 전력을 소모한다. 아일랜드의 경우 총 전력 사용량의 17%가 인공지능 데이터센터에서 사용되는 것으로 알려져 있다. 따라서 인공지능의 거대화가 가속화한다면 심각한 에너지 문제를 일으킬 수 있다. 이렇게 폭발적으로 증가하는 컴퓨팅 자원과 전력 수요 문제를 해결할 수 있는 방법은 무엇일까?

인공지능 기술과 데이터의 독점

이러한 거대한 컴퓨팅 인프라와 에너지 비용을 감당할 수 있는 개인 및 조직은 거의 없다고 할 수 있다. 심지어 자본이 풍부한 글로벌 기업조차도 거대 인공지능 연구개발 및 운영에 필요한 막대한 비용과 인력을 감당하기가 어렵다. 이에 따라, 현재 대부분의 거대 인공지능 연구 개발은 오픈AI, 구글, 메타, 아마존, 마이크로소프트 및 테슬라와 같은 소수의 일부 글로벌 IT 기업들이 주도하고 있다. 이들은 풍부한 자본과 인력 및 데이터센터 등의 인프라를 바탕으로 거대 인공지능 모델을 선도적으로 연구 개발하고 있다. 이들 기업은 풍부한 컴퓨팅 자원과 인력을 바탕으로 각 사업 영역에서의 기존 고객 데이터를 활용해 인공지능 서비스를 개발하고 있다.

구글의 경우 이메일, 서치 엔진 등에서 발생하는 사용자 데이터를, 메타의 경우 페이스북(Facebook) 데이터를, 아마존의 경우 전자상거래 데이터를, 마이크로소프트의 경우 오피스(Office) 및 윈도(Windows) 사용자 데이터를, 테슬라의 경우 자율주행 데이터를 수집해 인공지능 학습에 사용하고 있다. 인공지능 연구 개발에 필요한 가장 중요한 자원인 컴퓨팅 인프라와 데이터 및 연구 개발 인력을 모두 소유한 이들 기업은 인공지능 기술을 빠른 속도로 축적하고 발전시키고 있다. 이러한 거대한 스케일의 인공지능 연구 개발은 다른 조직 혹은 기업이 따라가기 어려운 수준에 이르렀으며 인공지능을 선도하는 기술 및 새로운 트렌드는 대부분 이들 기업에서 나오고 있다.

이러한 인공지능 컴퓨팅 자원 및 데이터의 독점은 인공지능 기술이 소수의 조직에게 귀속되는 결과를 낳고 있다. 거대한 컴퓨팅 자원과 다량의 데이터를 확보하기 어려운 대학, 소규모 기업 및 개인을 포함한 다양한 연구 개발 기관들은 인공지능 연구 개발에 점점 더 큰 어려움을 겪고 있다. 현재 거대화된 대규모의 생성형 인공지능 연구가 최신 기술을 이끌고 있는데 이러한 작은 조직들은 글로벌 IT 기업들이 주도하는 인공지능 기술에 종속될 수밖에 없는 실정이다. 최근 출간되는 인공지능 논문들 중에 소규모 연구 개발 기관이 감당하기 어려운 대규모 연구 성과가 증가하고 있으며, 이로 인해 대규모 인공지능 인프라를 갖춘 일부 글로벌 IT 기업에 연구 주도권이 집중되는 경향이 뚜렷해지고 있다. 이뿐만 아니라 이윤을 추구해야 하는 글로벌 IT 기업들의 경우 자신들의 연구 개발 결과를 논문 등의 형태로 공개하지 않고 비공개로 독점하려는 모습도 나타난다. 인공지능 기술과 데이터의 독점화 및 과점화가 인공지능 기술 격차를 가속화하고 있는 것이다. 이렇게 독점화 및 과점화되고 있는 인공지능 기술과 데이터 문제를 해결할 수 있는 방법은 무엇일까?

잠재적인 프라이버시 및 보안 위협

인공지능 학습에 데이터는 필수 요소다. 하지만 사용자가 발생시키는 데이터는 글로벌 IT 기업들의 데이터센터로 전송되어 대규모로 보관되고 있다. 예를 들어 스마트폰에서 수행하는 웹 검색 목록, 스마트폰 이동 경로, 이메일, 문자 메시지 등 수많은 데이터가 디지털화되어 구글 등의 IT 기업 데이터센터로 끊임없이 이동하고 있다. 전송된 빅데이터를 바탕으로 인공지능 모델이 지속적으로 학습되고 있으며, 학습이 완료된 인공지능 모델은 필요한 서비스 혹은 애플리케이션을 수행하는 데 사용되고 있다. 이렇게 인공지능 학습 및 응용에 사용되는 데이터는 대부분 글로벌 IT 기업의 서비스를 사용하는 사용자로부터 수집된 것이다. 이러한 데이터에는 프라이버시를 침해할 수 있는 정보가 포함될 수 있으며 이는 사용자가 원하지 않는 결과를 발생시킬 수도 있다. 또한 개인 데이터를 수집, 관리, 전송, 보관하는 과정에서 보안 문제가 발생할 수 있으며 해킹 위협으로부터도 자유롭지 않을 수 있다. 따라서 현재 중앙 집중화된 데이터센터 기반의 인공지능 데이터 수집, 학습 및 서비스 수행은 잠재적인 프라이버시 및 보안 문제를 일으킬 수 있는 것이다. 이러한 잠재적인 프라이버시 및 보안 위협을 최소화하면서 인공지능 기술을 발전시키고 서비스할 수 있는 방법은 무엇일까?

실시간 서비스의 어려움

현재 대부분의 인공지능 서비스는 디바이스(노트북, 스마트폰, 스마트워치, 자동차 등)에서 발생하는 사용자 데이터를 데이터센터로 전송해 인공지능 처리를 수행한다. 그 후 학습 및 처리된 결과가 다시 사용자 디바이스에 전송된다. 이 과정에서 다량의 사용자 데이터와 인공지능 처리 결과가 와이파이, 5G, 6G 등의 통신을 통해 데이터센터로 송수신되어야 하는데 이 과정에서 지연이 발생할 수 있다.

예를 들어 자율주행 자동차가 카메라로 촬영한 도로 상황을 멀리 떨어진 데이터센터에 송신해 주변의 자동차 및 사람을 인식한다고 가정해 보자. 만약 데이터 송수신에 너무 오랜 시간이 걸릴 경우 주행 중 사고가 발생할 수 있다. 즉 0.1초 안에 사람 혹은 자동차를 인식해야 하는데 데이터 통신에 0.1초 이상의 시간이 소요된다면 자율주행 자동차는 장애물을 인식하지 못하고 충돌할 위험이 있다. 더욱이 자율주행 자동차의 사용량이 폭발적으로 증가할 것으로 예상되는 가운데 이들 차량과 실시간 데이터 통신을 수행하는 일은 점점 더 어려워질 것이다. 이러한 이유로 현재 자율주행 자동차는 모든 데이터를 차량 내에서 실시간으로 처리하고 있다. 데이터를 차량 외부로 보내지 않고, 자체적으로 빠르게 이해하고 인식하며 판단하는 것이다. 따라서 현재의 데이터센터 기반 인공지능 생태계는 이러한 실시간 인공지능 서비스를 지원하는 데 큰 어려움을 겪을 것으로 예상된다. 데이터가 발생한 장소에서 실시간으로 빠르게 인공지능 데이터를 처리하고 학습할 수 있는 방법은 무엇일까?

온-디바이스 인공지능을 향해

오늘날 인공지능이 직면한 다양한 문제점과 병목 현상을 해결하기 위한 방법은 현재의 거대 인공지능 모델과는 반대 방향으로 나아가는 것이다. 즉, 대규모 자원을 소모하는 기존 방식에서 벗어나 경량화되고 효율적으로 설계된 인공지능을 개발하는 것이다. 이러한 인공지능은 최소한의 컴퓨팅 자원, 전력 그리고 데이터로도 충분히 작동할 수 있어야 한다.

이를 위해 기존의 다수 고성능 GPU를 활용하는 대규모 인공지능 대신 스마트폰, 노트북, 스마트워치, 태블릿, 가전제품과 같은 일상적인 저성능 장치에서도 원활히 작동할 수 있는 소형 인공 신경망 모델, 알고리즘, 학습법을 개발하는 방향이 제시되고 있다. 이러한 방식은 인공지능이 데이터센터와 같은 원격 서버가 아니라 사용자의 디바이스 내에서 작동하고 학습되도록 함으로써 데이터 프라이버시와 보안 문제를 근본적으로 해결할 가능성을 제공한다. 더불어 인공지능 기술 및 데이터의 독점 문제를 완화하고 누구나 공평하게 최신 인공지능 기술을 활용할 수 있는 기반을 마련할 수 있다. 이는 단순한 기술적 혁신을 넘어 모든 사람이 인공지능 혜택을 누릴 수 있는 포용적인 시대를 여는 발판이 될 것이다.

이러한 철학을 기반으로 등장한 새로운 인공지능 패러다임이 바로 '온-디바이스 인공지능'이다. 이는 거대화된 인공지능의 한계를 극복하고 보다 지속 가능하고 공평한 인공지능 시대를 실현하기 위한 중요한 대안으로 자리 잡고 있다.

03
온-디바이스 인공지능의 개념 및 원리

온-디바이스 인공지능은 중앙 집중화된 데이터센터에 의존하지 않고, 각 디바이스에서 생성된 데이터를 자체적으로 처리하고 이해할 수 있는 기술이다. 이를 통해 데이터 송수신 과정이 불필요해지며 인공지능 기술과 데이터의 탈중앙화와 분산 활용이 가능해질 것으로 기대된다.

AI와 난임 극복?

컴퓨터의 역사: 메인프레임, PC, 스마트폰

계산 가능한 기계인 컴퓨터가 1940년대 처음 개발된 이후 컴퓨터는 성능, 비용, 크기 측면에서 획기적인 발전을 이루어 왔다. 대표적으로 무어의 법칙(Moore's law)은 지난 몇십 년 동안 컴퓨터 반도체의 집적도가 1년에 두 배씩 증가했다는 것을 말한다. 이러한 눈부신 발전 속도 덕분에 컴퓨터는 다양한 형태 및 용도로 보급되었으며, 오늘날 수많은 사람들이 다양한 장소에서 여러 목적으로 컴퓨터를 손쉽게 활용할 수 있게 되었다.

프로그래밍 가능한 최초의 전자식 컴퓨터는 1945년 말 미군에서 개발된 에니악으로 탄도 궤적 계산을 수행하기 위해 개발되었다. 에니악은 초당 5000번의 덧셈 및 뺄셈을 수행할 수 있으며, 이는 당시 다른 계산 기계보다 1000배 빠른 속도였다. 또한 곱셈, 나눗셈, 제곱근 연산이 가능했고 메모리는 20단어(약 80byte)로 제한되었다. 무게는 30t, 전력 소모는 200kW에 달했으며 1만8000개 이상의 진공관, 수십만 개의 저항기, 커패시터(capacitor), 인덕터(inductor)를 포함하는 거대한 장치였다. 당시 이러한 고성능 계산 장치는 에니악이 유일했으며 새로운 프로그램이 작성되면 사람(프로그래머)이 직접 에니악의 플러그와 스위치를 수동으로 재설정해 기계에 물리적으로 입력함으로써 에니악을 구동시켜야만 했다.

그 후 1960년대부터 1970년대까지 컴퓨터와 통신 기술의 발전에 따라 메인프레임 서버라고 불리는 시간 공유 시스템이 등장했다. 에니악을 구성하는 크고 무거운 진공관보다 훨씬 작은 트랜지스터로 구성된 메인프레임 시스템은 높은 집적도를 통해 고성능 계산이 가능했으며, 시간 공유를 통해 여러 사용자가 메인프레임을 동시에 사용할 수 있게 되었다. 그러나 이러한 메인프레임은 당시 주로 미국의 대학 및 연구소와 같은 소수의 기관에만 존재했으며, 사용자는 전화선을 통해 메인프레임과 통신해 원하는 작업을 수행해야 했다. 따라서 메인프레임은 주로 연구용으로 사용되었고 일반 대중이 사용하기에 어려움이 있었다.

1970년대부터 본격적인 컴퓨터 대중화가 시작되었다. 사무실마다 혹은 가정마다 PC가 구비되기 시작해 더 이상 멀리 떨어진 메임프레임 시스템에 접속할 필요가 없어진 것이다. 최초의 PC는 1971년 개발된 켄백-1(Kenbak-1)이고, 1980년대 애플 컴퓨터와 IBM PC가 보급되며 PC가 본격적으로 대중화되기 시작했다. 그 후 2000년대 초반까지 PC는 지속적으로 성능과 가격을 개선해 오늘날의 워크스테이션, 데스크톱, 노트북 등 다양한 형태로 발전했다. 또한 PC에서 사용 가능한 다양한 소프트웨어 및 애플리케이션이 개발되어 이후 많은 작업과 업무들이 PC에서 이루어지게 되었다.

컴퓨팅 기능이 없던 기존의 핸드폰이 스마트폰으로 발전하기 시작한 것은 2000년대 중반부터다. 단순히 전화와 문자만을 송수신하던 핸드폰이 운영체제(OS)를 탑재한 컴퓨터로 진화한 것이다. 애플의 아이폰과 같은 스마트폰은 출시된 지 얼마 지나지 않아 사무실 및 가정에 보급되었던 PC의 수를 넘어섰다. 이내 거의 모든 사람이 이동 가능한 고급 컴퓨터인 스마트폰을 항상 휴대하게 되었다. 2024년 전 세계에 약 72억 개의 스마트폰이 사용되는 것으로 보고되었으며, 이는 약 20억 개가 사용되는 것으로 추정되는 PC보다 세 배 이상 많은 수다. 스마트폰은 통신 기능 및 다양한 애플리케이션을 통해 사용자의 작업을 더욱 정확하고 정교하게 처리하게 되었으며, 사용자의 지근거리에서 다양한 데이터를 수집할 수 있게 되었다. 스마트폰의 등장과 함께 각 사용자는 드디어 자신만이 사용하는 언제나 휴대 가능한 개인용 컴퓨터를 보유하게 된 것이다.

이처럼 컴퓨터의 역사는 지속적인 탈중앙화와 확산의

과정으로 설명할 수 있다. 단 한 대만 존재했던 최초의 에니악 컴퓨터에서 소수의 사용자가 공유하던 메인프레임 시스템, 가정과 사무실에 보급된 PC를 거쳐 이제는 각 개인이 소유하는 스마트폰에 이르기까지, 컴퓨터는 점진적으로 더 많은 사람에게 확산되어 왔다.

인공지능: 데이터센터에서 디바이스로

컴퓨터 역사에서 이어져 온 탈중앙화와 확산의 흐름은 인공지능 기술에서도 유사하게 나타나고 있다. 현재 대부분의 인공지능 서비스는 사용자에게서 멀리 떨어진 데이터센터와 같은 대규모 인프라에서 수행된다. 이는 데이터와 컴퓨팅 자원을 한곳에 집중시켜 거대한 인공지능 모델을 운영하고 학습하는 방식으로, 초기 에니악이나 메인프레임 시스템과 유사하다고 볼 수 있다. 이러한 방식은 필연적으로 사용자의 접근성과 보급성을 제한하며, 개인화와 맞춤화 기능에서도 한계를 보일 수밖에 없다.

반면 최근 몇 년 사이 사용자 소유 디바이스에서 인공지능을 직접 수행하려는 온-디바이스 인공지능의 흐름이 뚜렷하게 나타나고 있다. 스마트폰, 노트북, 태블릿, 스마트워치, 자율주행 자동차 등 다양한 디바이스에서 중앙 집중형 데이터센터에 의존하지 않고, 분산적으로 인공지능 연산을 수행하려는 움직임이 활발히 진행되고 있다. 이는 과거 컴퓨터가 중앙 집중형 시스템에서 벗어나 개인화와 분산화를 이루었던 발전 과정과 맥을 같이하며, 이제 사용자 개개인의 디바이스에서 인공지능이 직접 작동하는 새로운 단계로 나아가고 있음을 보여 준다.

온-디바이스 인공지능의 개념 및 원리

컴퓨팅 기술이 발전하고 임베디드, 모바일, IoT 디바이스의 사용이 급증함에 따라 지리적으로 분산된 디바이스에서 생성되는 데이터의 양이 폭발적으로 증가하고 있다. 예를 들어 2024년에는 전 세계 인터넷 데이터를 약 40ZB로 추정하며, 그중 45%는 사용자 디바이스에서 생성될 것으로 예상된다. 인공지능 기술은 이러한 방대한 양의 빅데이터를 신속히 분석하고 가치 있는 인사이트를 도출하는 데 필수다. 이에 따라 데이터를 중앙 데이터센터로 전송하지 않고, 디바이스에서 직접 지능형 작업을 수행하려는 요구가 커지고 있다. 이러한 흐름은 '온-디바이스 인공지능'이라는 새로운 패러다임의 탄생으로 이어졌다.

온-디바이스 인공지능은 단순히 디바이스와 인공지

능을 결합한 개념이 아니다. 이는 광범위하고 복잡한 개념으로, 다양한 기술과 아이디어가 유기적으로 얽혀 있다. 현재까지 온-디바이스 인공지능에 대한 공인된 정의는 없지만, 이를 정립하려는 연구자들의 시도가 이어지고 있다. 예컨대 온-디바이스 인공지능은 단순히 데이터센터나 디바이스에서 인공지능 모델을 실행하는 것에 국한되지 않는다. 이는 디바이스와 데이터센터 간의 다양한 협력 방식을 포괄하며, 공동 추론에서부터 모든 작업을 디바이스에서 독립적으로 수행하는 방식까지 확장될 수 있다.

이 책에서는 온-디바이스 인공지능을 디바이스에서 완전한 인공지능 추론과 학습을 수행하는 방식으로 정의하고자 한다. 이러한 정의는 온-디바이스 인공지능이 데이터 프라이버시와 효율성을 극대화하고, 디바이스의 독립성을 강화하는 방향으로 나아가고 있음을 강조한다.

04
온-디바이스 인공지능 기술

온-디바이스 인공지능을 구현하기 위해서는 여러 핵심 기술의 발전이 요구된다. 우선 대량의 연산을 효율적으로 처리할 수 있는 온-디바이스 인공지능 하드웨어가 필수다. 동시에 인공 신경망의 크기를 줄이고 효율성을 극대화해 실시간 추론과 학습을 가능하게 하는 온-디바이스 인공지능 알고리즘의 개발도 활발히 이루어지고 있다.

AI와 사주?

온-디바이스 인공지능 하드웨어

현재 인공지능 모델은 점차 거대화되는 추세를 보이고 있으며, 대형 인공 신경망 모델은 엄청난 컴퓨팅 자원을 요구한다. 즉 인공지능 시스템은 이러한 모델들을 수행하기 위해 고속 프로세서와 대용량 메모리를 필수로 갖춰야 한다. 특히 인공지능 추론과 학습 과정에서는 다수의 고성능 GPU를 활용하며, 데이터센터는 이러한 컴퓨팅 인프라를 대규모로 구축하고 있어 인공지능 모델을 효과적으로 실행할 수 있다.

그러나 스마트폰, 태블릿, 가전제품 등과 같은 일반 사용자 디바이스는 다양한 이유로 고가의 고전력 GPU를 탑재할 수 없기 때문에, 인공지능 실행에 필요한 대규모 연산을 신속하게 처리하는 데 한계가 있다. 또한 현재의 인공 신경망 모델은 기가바이트(GB) 단위의 대용량 메모리를 필요로 하는데, 많은 디바이스는 메가바이트(MB) 또는 킬로바이트(KB) 수준의 적은 용량의 메모리만을 장착하고 있어, 이러한 디바이스에서 인공지능 모델을 실행하는 데 어려움이 따른다.

이렇게 제한된 컴퓨팅 자원(프로세서, 메모리 등)을 극복하기 위해 다양한 온-디바이스 인공지능 컴퓨터 하드웨어가 개발되고 있다. 크기가 큰 GPU를 소형화해 작은 디바이스에 탑재할 수 있도록 임베디드용 GPU가 개발되어 스마트폰과 같은 디바이스에 탑재되기 시작했다. 임베디드 GPU는 서버나 데스크톱에 설치 가능한 GPU보다 성능은 낮지만, CPU보다 더욱 빠르게 인공지능 연산을 병렬적으로 처리할 수 있다. 하지만 임베디드 GPU는 화면이나 3D 이미지 및 영상을 가속하기 위해 설계된 것으로 인공지능 연산 가속에는 비효율적이다.

임베디드 GPU의 비효율성과 높은 소모 전력을 극복하고 온-디바이스 인공지능 연산을 전문적으로 가속해 주기 위한 NPU가 개발되고 있다. 특정 용도용 집적 회로(ASIC, Application-Specific Integrated Circuit)의 한 종류인 NPU는 임베디드 GPU보다 훨씬 작으며, 저전력으로 인공지능 수행을 가속시켜 주는 반도체다. 이러한 NPU는 임베디드 GPU의 그래픽 가속 기능을 제거해 인공지능 추론 속도를 10배 이상 높여 다양한 학습이 완료된 인공지능 애플리케이션을 디바이스에서 빠르게 수행할 수 있게 한다. 애플의 아이폰에 탑재된 뉴럴 엔진이 NPU의 예로서 얼굴 인식, 음성 비서 시리(Siri) 및 증강현실에 활용되고 있다. 이러한 NPU는 CPU와 함께 다양한 성능과 형태로 가전제품, 스마트폰 등 고사양 디바이스에 널리 탑재되어 온-디바이스 인공지능을 가속화할 것으로 예상된다.

스마트폰과 같은 고사양 디바이스가 아닌 IoT 기기는 저사양 프로세서인 MCU를 탑재하고 있다. 2023년 현재 전 세계에 166억 개가 넘는 IoT 디바이스가 서로 연결되어 다양한 임무를 수행하고 있는 것으로 추정되고 있다. MCU는 아주 단순한 계산 혹은 센싱이 가능한 프로세서로서 크고 복잡한 인공 신경망을 수행하는 데 큰 어려움이 있다. 하지만 제한된 목적의 작은 인공 신경망을 수행하기 위해 기존 신호 처리에 사용되던 DSP를 인공지능 연산을 위해 재구성할 수 있다. 시간 영역 데이터를 주파수 영역으로 변환해 주는 푸리에 변환(Fourier transform)을 넘어 인공지능 연산의 핵심인 행렬(matrix)과 벡터(vector) 곱셈 등을 가속할 수 있도록 DSP 기능을 확장하고 있다. 대표적인 MCU 아키텍처인 ARM (Advanced RISC Machine)의 코텍스-M(Cortex-M) 시리즈에서는 DSP를 인공지능용으로 개선해 간단한 인공 신경망을 수행할 수 있도록 했다.

임베디드 GPU, NPU, 인공지능용 DSP 등 다양한 성능 및 형태의 온-디바이스 인공지능 하드웨어가 등장하고 있다. 앞으로 컴퓨팅 디바이스는 전통적인 연산을 담당하는 CPU와 인공지능 연산을 전담하는 프로세서 두 개를 탑재할 것으로 예상된다. 이를 통해 제한된 디바이스 자원만으로 처리가 불가능했던 고급 인공지능 모델이 다양한 디바이스에서 효율적으로 수행될 수 있을 것이다.

온-디바이스 인공지능 알고리즘

크기가 증가하는 인공 신경망을 효율적으로 가속 처리할 수 있는 온-디바이스 인공지능 하드웨어의 개발과 함께 인공 신경망 크기 자체를 줄일 수 있는 인공지능 알고리즘 및 소프트웨어도 활발히 연구 개발되고 있다. 이러한 온-디바이스 인공지능 알고리즘을 통해 인공 신경망 구동에 필요한 연산량, 메모리 및 에너지를 획기적으로 감소시켜 적은 자원만으로도 디바이스에서 효율적으로 인공지능을 구동할 수 있다.

현재 대표적으로 사용되고 있는 딥러닝 인공 신경망의 경우 여러 계층의 그래프로 구성되어 있다. 각 계층의 여러 정점(vertex)은 다음 계층의 여러 정점과 간선(edge)으로 이어져 있다. 각 계층의 목적에 따라 정점과 간선들의 연결 상태가 정해지며, 이에 따라 첫 계층부터 마지막 계층까지 모든 계층이 차례로 수행된다. 이는 인간 두뇌의 신경 세포인 뉴런과 시냅시스 다발 연결을 모방한 것이며, 단순한 계층의 반복과 누적을 통해 고차원적이고 지능적인 연산 및 계산을 수행할 수 있게 된다. 많은 인공 신경망은 다수의 정점과 간선들이 여러 계층에 존재하는데, 연구자들은 인공 신경망의 일부 정점 혹은 간선을 제거해도 거의 동일한 연산 결과를 얻을 수 있다는 것을 확인했다. 이러한 관찰을 바탕으로 가지치기라는 온-디바이스 인공지능 알고리즘이 탄생했다. 특정한 임무를 수행하는 인공 신경망이 주어졌을 때, 그 크기를 줄이기 위해 불필요한 정점과 간선을 가지치기하듯 잘라 내는 방법이다. 이를 위해 인공 신경망에서 상대적으로 덜 중요한 정점과 간선을 식별해 제거한다. 정점과 간선이 제거된 인공 신경망은 원래의 신경망과 다른 형태가 되기 때문에 추가적인 학습을 수행한다. 이러한 가지치기 및 학습 과정을 반복해 인공 신경망을 원하는 크기와 형태로 축소하는 알고리즘이다.

온-디바이스 인공지능을 위해 인공 신경망의 크기를 축소하는 또 다른 방법에는 지식 증류가 있다. 크기가 큰 고성능 인공 신경망을 교사(teacher) 모델로 삼고, 크기가 작은 학생(student) 모델이라고 부르는 인공 신경망을 디자인한다. 교사 모델은 학습이 잘 되어 있어 좋은 성능을 보여 주지만 크기가 크기 때문에 디바이스에 탑재하기가 어렵다. 반면 학생 모델은 학습이 되어 있지 않기 때문에 성능이 부족하지만, 크기가 작아 디바이스에 탑재가 가능하다. 지식 증류는 교사 모델이 학습한 지식 및 정보와 경험을 학생 모델에게 전달함으로써 크기가 작은 학생 모델이 교사 모델의 역할을 수행할 수 있도록 하는 방법이다. 학습 데이터만을 갖고 독립적으로 학습을 진행하는 것보다 교사 모델에게서 지식을 전달받는 방식이 학생 모델의 성능 향상에 더욱 효과적이다. 교사 모델을 통과해 나온 입출력 결과물 쌍(pair)을 기준으로, 동일한 입력 데이터를 학생 모델에 통과시켜 교사 모델과 같은 출력 결과물이 나오도록 학습한다. 교사 모델이 입력 데이터를 받아 최종적으로 어떻게 출력하는지를 따라 하도록 학생 모델을 학습시킨다. 이를 통해 학습 데이터에 존재하지 않는 교사 모델의 지식을 학생 모델에게 전이할 수 있다.

양자화를 통해서도 인공지능 모델의 효율화를 달성할 수 있다. 컴퓨터가 숫자를 표현할 때는 정해진 수의 비트(bit)를 사용하는데 더 많은 수의 비트를 사용할수록 나타낼 수 있는 숫자의 범위와 정밀도가 향상된다. 인공 신경망의 경우 숫자를 미세하게 연산하기 때문에 가능한 한 많은 비트를 사용해 학습과 추론을 수행한다. 현재 가장 많이 사용하는 숫자 비트는 float32 혹은 float64로서 32개 비트 혹은 64개 비트를 사용해 숫자 한 개를 나타내는 것이다. 인공 신경망의 경우 다수의 모델 파라미터로 구성되는데 각 파라미터는 숫자 한 개에 대응된다. 따라서 인공 신경망의 파라미터를 나타내는 비트를 더 많이 사용할수록 더 많은 비트를 저장해야 하므로 용량이 커진다. 반대로, 한 개의 파라미터를 나타내는 비트 수를 줄이면 그만큼 인공 신경망의 크기가 감소하게 된다. 예를 들어 32bit를 사용하는 float32에서 8bit를 사용하는 int8로 파라미터를 변환할 경우 네 배의 메모리 용량 절감이 가능하게 되며 이러한 과정을 양자화라고 한다. 하지만 숫자를 나타내는 비트 수가 줄어들면 저장할 수 있는 정보의 양이 감소하기 때문에 인공 신경망의 성능이 하락할 가능성이 있다. 이러한 양자화의 잠재적인 성능 제한을 극복하기 위해 양자화된 인공 신경망을 재학습(retraining)하는 경우도 있다. 양자화는 인공지능 모델의 크기만을 감소시키는 것이 아니라 연산 속도도 가속할 수 있다. 32bit를 사용해 덧셈, 뺄셈, 곱셈, 나눗셈을 수행하는 것보다 더 적은 수의 8bit를 사용해 계산을 수행하면 연산 속도가 가속될 수 있는 것이다.

05
온-디바이스 인공지능 예시

현재 많은 글로벌 IT 기업들이 온-디바이스 인공지능 기술을 개발하며 다양한 서비스를 출시하려고 하고 있다. 구글, 오픈AI, 메타, 마이크로소프트와 같은 기업들이 온-디바이스 시대에 어떻게 대비하고 있는지 살펴보고, 실제 온-디바이스 인공지능 예시와 응용을 살펴본다.

AI와 아이돌?

자율주행

온-디바이스 인공지능의 대표적인 사례는 자율주행 자동차다. 운전자 없이 차량을 주행하기 위해서는 차량 주변과 복잡한 교통 상황을 정확히 이해하고 판단하는 것이 중요하다. 예를 들어 자율주행 자동차는 신호를 이해하고 차량 주변에 장애물이 있는지 파악하며 차선을 지키며 주행해야 한다. 이러한 복잡한 작업을 수행하기 위해 자율주행 자동차는 다양하고 복잡한 인공지능 기술을 사용한다.

먼저 차량 주변의 다양한 물체를 탐지(detection)하고 분류(classification)하기 위한 인공 신경망을 차량 내부 컴퓨터에서 수행한다. 카메라 혹은 라이다 등의 센서를 통해 주변 환경에 대한 정보를 수집하고 이로부터 사람, 다른 차량, 신호등, 차선 등을 탐지하고 분류한다. 이러한 탐지와 분류를 수행하기 위해 합성곱 신경망(CNN) 혹은 트랜스포머 인공 신경망을 사용하게 된다. 자율주행 자동차의 안전을 보장하는 것은 매우 중요하기 때문에 차량에서 수집된 데이터 및 정보를 멀리 떨어진 데이터센터에 보내 처리하는 것이 아니라 차량 자체에서 빠르게 처리하는 온-디바이스 인공지능을 통해 자율주행을 수행하는 것이다. 이를 위해 대부분의 자율주행 자동차는 다수의 고성능 GPU 혹은 인공지능 가속기 하드웨어를 장착한 자율주행용 컴퓨터를 탑재해 다양한 인공 신경망을 실시간으로 운용한다.

테슬라는 대표적인 자율주행 자동차 제조업체다. 테슬라는 인공지능 기반 자율주행 소프트웨어인 오토파일럿을 탑재한 전기차를 2014년에 최초로 출시했다. 자율주행에 필요한 여러 태스크를 수행할 수 있는 다양한 인공 신경망을 효율적으로 사용하기 위해 자율주행 자동차 전용 고성능 컴퓨터(HPC)를 제작해 차량에 탑재했다. 이를 통해 오토파일럿은 2단계(Level 2) 수준의 자율주행을 달성했으며, 테슬라는 차량 센서에서 발생하는 방대한 데이터를 지속적으로 수집해 자율주행 시스템의 성능 개선을 위해 사용한다. 고객 차량에서 수집된 데이터는 인공 신경망 모델을 개선하거나 재학습하는 데 사용되며, 이렇게 업그레이드된 오토파일럿 소프트웨어가 무선 업데이트(OTA, Over The Air)를 통해 다시 테슬라 차량에 탑재되고 있다. 테슬라 전기차의 경우 2024년까지 총 20억 킬로미터에 이르는 자율주행 운행 거리를 기록하고 있으며 이러한 풍부한 데이터를 통해 오토파일럿의 성능도 빠르게 개선되고 있다.

실시간 통역 및 번역

삼성전자는 2024년 자사 스마트폰인 갤럭시24 시리즈에 실시간 통번역을 수행하는 온-디바이스 인공지능 서비스를 탑재했다. 대화 통역 및 번역의 경우 대화 당사자들의 자연스러운 커뮤니케이션을 위해 끊김 없는 실시간 번역이 이루어져야만 한다. 만약 대화 내용이 멀리 떨어진 데이터센터 서버로 전송되어 그곳에서 번역이 된 후 다시 번역된 대화가 사용자 스마트폰에 전달될 경우, 대화 내용을 송수신하는 데 오랜 시간이 걸리며 대화의 흐름이 끊길 수가 있다. 이러한 문제를 해결하기 위해 삼성전자는 대화 내용을 데이터센터로 전송하지 않고, 갤럭시24 스마트폰에서 직접 번역을 처리하는 실시간 번역 인공지능 기술을 출시했다.

대화 통역 및 번역은 다양한 인공지능 기술로 처리될 수 있다. 갤럭시24 스마트폰에 사용된 것으로 추정되는 기술은 RNN으로, 하나의 인공 신경망이 여러 길이의 입력값에 대해 반복적으로 사용되는 기술이다. 대화는 여러 단어로 구성되는데, 문장마다 단어의 개수가 모두 다르다. RNN은 단어를 하나씩 입력으로 받아 다음 출력을 발생시키는 순환 인공 신경망으로 다양한 길이의 문장을 처리하는 데 효율적이다. 이러한 RNN 구조를 사용해 프로세서와 메모리가 제한된 스마트폰에서 실시간 대화 번역을 수행할 수 있게 된 것이다. RNN보다 복잡한 구조의 인공 신경망인 트랜스포머 역시 대화 번역에 많이 사용되는데 뛰어난 성능에 비해 더 많은 컴퓨팅 자원을 필요로 한다. 앞으로의 온-디바이스 대화 번역 기술은 RNN이 아닌 트랜스포머 구조를 채택해 성능이 향상될 것으로 예상된다.

인공지능 카메라

오늘날 많은 수의 카메라가 우리 주변에 배치되어 다양한 목적을 위해 사용되고 있다. CCTV의 경우 전 세계적으로 약 10억 대가 설치된 것으로 추정되며 한국의 경우 약 170만 대의 CCTV가 운영 중인 것으로 알려져 있다. 스마트폰 카메라까지 포함하면 카메라 대수는 전 세계적으로 수십억 대에 이를 것으로 판단된다.

카메라는 컴퓨터 비전(computer vision)에 사용되는 시각 데이터인 이미지 및 영상을 취득하는 중요한 센서로서, 이미지 및 영상을 활용한 다양한 인공지능 애플리케이션이 개발되고 있다. 기존의 카메라는 단순히 사진이나 영상을 녹취하는 데 그쳤으나 온-디바이스 인공지능 기능을 탑재한 스마트 카메라는 카메라 자체에서 다양한 지능형 서비스를 제공하고 있다.

앞서 자율주행 예시에서 살펴본 물체 탐지 및 분류 기능 역시 이미지 및 영상 데이터를 기반으로 인공지능을 수행하는 것이다. 가정용 스마트 CCTV의 경우 별도의 외부 서버 연결 없이 스스로 가족을 인식하고, 외부인이 카메라에 인식될 경우 위험 신호를 보내게 된다. 또한 가정 내 사물의 위치를 기억해 물건을 찾아야 할 경우 그 위치를 알려 주는 역할도 수행할 수 있다. 가정 내 민감한 이미지나 영상을 외부에 유출하지 않기 때문에 프라이버시 걱정 없이 인공지능 서비스를 이용할 수 있다. 아기 돌봄용 CCTV의 경우 아기가 위험한 구역에 들어가거나 울면 이를 인식해 부모에게 실시간으로 알려 주는 스마트 기능을 제공한다.

문자 및 메시지 패턴 예측

많은 사람이 매일 스마트폰을 사용해 문자나 메시지를 주고받는다. 전통적인 핸드폰 SMS 문자부터 스마트폰의 카카오톡, 텔레그램, 인스타그램과 같은 메신저에 이르기까지 다양한 애플리케이션과 매체를 통해 소통한다. 자세히 들여다보면, 스마트폰을 사용해 문자를 입력할 때 가상의 키보드가 등장하고 사용자가 입력하는 몇 개의 자음, 모음 혹은 문자를 바탕으로 다음에 입력될 가능성이 높은 문자가 예측되어 나타나는 것을 알 수 있다. 이러한 문자 패턴 예측 기능은 스마트폰에 적용된 온-디바이스 인공지능 기술의 좋은 예시다.

각 사용자가 자주 사용하는 단어나 문자 패턴이 다르기 때문에, 스마트폰은 이를 학습해 각 사용자의 특성에 맞는 문자 및 메시지 패턴을 추천한다. 만약 스마트폰이 사용자 맞춤형 학습을 하지 않고 모든 사용자에게 동일한 문자 패턴을 제시한다면, 예측 정확도와 활용도는 크게 떨어질 것이다. 따라서 문자 및 메시지 패턴 예측 기능은 단순해 보이지만 온-디바이스 인공지능의 중요한 예시로서, 사용자 맞춤형 학습이 핵심적인 역할을 하고 있다.

06
프라이버시, 데이터 보호 및 보안 강화

온-디바이스 인공지능은 기존 데이터센터 중심 인공지능 기술의 큰 문제인 프라이버시 위협, 데이터 보호 및 보안 문제를 해결할 수 있다. 온-디바이스 인공지능으로 이러한 문제를 어떻게 해결할 수 있는지 살펴보고, 이를 통해 프라이버시와 보안 문제를 극복하며 실현 가능한 새로운 인공지능 서비스를 모색한다.

AI와 야구?

사용자 프라이버시 향상

온-디바이스 인공지능의 강력한 이점은 프라이버시 향상이다. 온-디바이스 인공지능은 사용자의 다양한 기기에서 발생하는 데이터를 디바이스 자체에서 처리함으로써 민감한 정보나 외부로 유출되어서는 안 되는 데이터를 보호해 프라이버시를 개선할 수 있다. 예를 들어 기존의 데이터센터 기반 인공지능의 경우 가정용 카메라에서 수집된 이미지나 영상 데이터를 인공지능으로 분석하기 위해 집 밖의 데이터센터로 전송해야 한다. 하지만 이러한 데이터 전송은 잠재적으로 개인 정보를 유출할 위험을 동반한다. 반면 온-디바이스 인공지능은 민감한 사용자 데이터를 외부로 전송하지 않고 디바이스 내에서 직접 처리해 프라이버시를 유지하면서도 가정 내 상황을 지능적으로 이해하는 데 필요한 분석을 가능하게 만든다.

데이터센터는 강력한 컴퓨팅 인프라를 활용해 수준 높은 지능형 서비스를 수행할 수 있으나 가정 내 데이터가 외부로 전송되는 과정이 필수기 때문에 잠재적인 프라이버시 침해 가능성이 발생할 수 있다. 데이터 송수신이 수행되는 도중 중간자 공격(Man-in-the-Middle Attack)을 통해 공격자가 몰래 개입해 데이터를 탈취하거나 변조할 수 있다. 또한 데이터를 수신하는 데이터센터가 해킹당할 경우 다량의 개인 정보가 유출될 수 있는 위험이 있다. 이와 달리 온-디바이스 인공지능의 경우, 디바이스 내에서 모든 데이터가 처리되고 학습되기 때문에 디바이스 외부로 데이터가 전송되지 않는다. 이를 통해 사용자 프라이버시를 침해할 수 있는 가능성을 원천적으로 차단하게 되며, 안전한 데이터 송수신을 위한 데이터 익명화, 암호화 등과 같은 보안 기술을 적용할 필요가 없게 되어 보안 효율성 역시 극대화될 수 있다.

또 다른 예시로, 사용자의 스마트 의료 기기에서 발생한 의료 정보의 경우 민감도와 중요성이 높아 외부로 유출이 되어서는 안 된다. 심전도 분석 기기는 스마트폰과 연결되어 심전도를 측정하고, 인공지능을 통해 심방세동 등 심장 리듬 이상을 실시간으로 분석한다. 스마트 의료 기기를 통해 사용자는 손쉽게 심장 건강을 모니터링할 수 있어 빠른 진단과 조기 치료가 가능하다. 이러한 심전도 분석 기기의 경우 디바이스 자체에서 심전도를 분석하므로 개인의 심전도 데이터가 외부로 유출되는 상황이 발생하지 않는다. 애플 시계(Apple Watch) 또한 이와 비슷하게 심박수, 산소포화도, 심전도 등을 측정하고 온-디바이스 인공지능을 적용해 이상 징후를 감지하며 사용자에게 경고한다. 이는 부정맥, 심박 이상 등 심각한 건강 상태의 조기 발견에 도움을 준다.

데이터 보호

온-디바이스 인공지능은 프라이버시 향상뿐만 아니라 데이터도 효과적으로 보호할 수 있게 한다. 민감한 사용자 데이터를 온-디바이스 인공지능 모델에 적용하는 것에서 나아가 학습에도 사용함으로써 디바이스 내의 데이터를 보호함과 동시에 데이터 학습을 통해 새로운 지능형 서비스를 제공하는 것이 가능하다. 현재 대부분의 인공 신경망은 다량의 데이터를 사용해 학습을 수행하는데, 학습에 필요한 데이터는 각각의 디바이스에서 수집되는 경우가 많다. 인공 신경망 학습은 신경망 추론보다 더 많은 시간과 자원 및 에너지를 소모하기 때문에 이를 지원할 수 있는 데이터센터에서 이루어지는 경우가 많다. 이를 위해 각각의 디바이스에서 발생한 데이터가 데이터센터 서버로 전송되고, 데이터센터의 풍부한 인프라를 활용해 오랜 시간 동안 인공 신경망 학습을 수행하게 된다. 이럴 경우 인공지능 추론과 마찬가지로 디바이스의 데이터가 데이터센서로 이동해야 하는 위험이 발생하게 된다.

연합 학습은 데이터 이동 없이 인공 신경망을 다수의 디바이스에서 학습할 수 있는 분산형 온-디바이스 인공지능 학습 기술이다. 모든 디바이스의 데이터가 데이터센터에 집중되어 인공 신경망 학습을 수행하는 일반적인 학습 방법과 달리 연합 학습은 데이터의 이동 없이 각 디바이스에서 스스로 데이터를 학습하는 방법이다. 먼저, 데이터센터와 같은 중앙 서버는 학습하고자 하는 인공 신경망 모델을 다수의 디바이스에 전송한다. 최초의 인공 신경망은 학습이 되지 않아 아무런 기능을 수행할 수 없으며, 학습이 완료된 후에 목표한 지능형 임무를 수행하게 된다. 그 후 중앙 서버로부터 인공 신경망 모델을 전송받은 각각의 디바이스는 각 디바이스에서 수집된 데이터만을 사용해 전송받은 인공 신경망 모델을 디바이스 자체에서 학습한다. 이때 각각의 디바이스는 데이터를 외부로 전송하지 않고 전송받은 인공 신경망 모델을 학습함으로써 자신의 데이터를 보호하게 된다. 이렇게 각 디바이스에서 개별 데이터로 학습이 완료된 인공신경망 모델은 다시 중앙 서버로 보내진다. 다수의 디바이스로부터 학습이 수행된 인공 신경망을 전달받은 중앙 서버는 이들 모델을 결합해 하나의 인공 신경망을 구성하게 된다. 이러한 인공 신경망 모델 전송, 디바이스 학습, 수집, 결합의 과정을 반복하면 디바이스의 데이터 전송 없이 많은 데이터를 활용해 인공 신경망을 효과적으로 학습할 수 있게 된다. 이 과정에서는 오직 인공 신경망 모델만 전송되고 데이터는 전송되기 않기 때문에 디바이스에 존재하는 학습 데이터가 보호될 수 있다. 이러한 연합 학습은 컴퓨팅 자원이 부족한 다수의 저사양 디바이스들이 연합해 데이터센터만큼의 대규모 컴퓨팅 인프라 없이도 디바이스 데이터를 활용해 인공 신경망 학습을 수행할 수 있는 방법이다.

연합 학습의 예시로 병원의 의료 데이터를 들 수 있다. 지역적으로 분산되어 있는 병원들은 여러 종류의 의료 및 환자 데이터를 수집해 보관하고 있다. 의료 데이터는 가장 강력한 정책으로 보호되는 높은 수준의 개인 정보로서 그 수집과 취급 및 보관은 엄격한 관리 감독을 받고 있다. 따라서 병원의 의료 데이터는 외부로 반출하는 것이 매우 까다로우며 각 병원의 데이터를 취합해 인공지능 모델을 학습하고 서비스하는 것 역시 어려운 일이다. 하지만 연합 학습을 적용할 경우, 각 병원의 데이터가 병원을 벗어날 필요 없이 목적하는 기능을 수행할 수 있는 의료용 인공지능 모델을 학습할 수 있게 된다. 각 병원은 자신의 데이터를 지역적으로 학습하고 학습이 완료된 인공 신경망 모델을 취합해, 최종적으로 여러 병원의 데이터를 사용해 학습한 것과 같은 효과를 낼 수 있다. 이를 통해 이동이 불가능한 각 병원 데이터를 보호함과 동시에 여러 병원의 데이터를 활용할 수 있는 것이다.

보안 강화

앞서 살펴본 바와 같이 현재 여러 인공지능 제품 및 서비스는 데이터를 외부에 송수신하는 과정을 포함한다. 하지만 송수신해야 하는 정보의 양이 많아질수록 보안 위협 역시 필연적으로 증가할 수밖에 없다. 온-디바이스 인공지능은 외부로의 정보 유출 및 외부로부터의 정보 유입을 최소화함으로써 인공지능 제품 및 서비스의 보안을 강화한다.

자율주행 자동차가 좋은 예라고 할 수 있다. 자율주행 자동차의 경우 차량의 모든 물리적 이동 및 주행을 인공지능 소프트웨어로 처리하고 있다. 사람이 운전석에 앉아 직접 차량을 조작하지 않더라도 차량 스스로의 판단을 통해 주행이 가능하다. 만약 차량에 탑승하지 않은 외부의 누군가가 자율주행 인공지능 소프트웨어를 해킹해 고의적으로 위험한 주행을 수행한다면 차량 및 탑승자가 위험에 빠질 수 있다. 온-디바이스 인공지능에 기반한 자율주행 자동차는 이러한 상황에서 외부와의 네트워크 연결을 단절할 수 있기 때문에 확인되지 않은 제삼자가 차량을 조종하는 것을 원천적으로 방지할 수 있다. 만약 자율주행 인공지능 소프트웨어 차량 자체에서 차량 주행 데이터를 처리하는 것이 아니라 외부로 전송되어 처리되는 경우, 이러한 보안 위협이 발생하더라도 외부 네트워크를 단절할 수 없다. 해킹 위험을 회피하고자 외부와의 데이터 송수신을 차단할 경우, 차량의 자율주행 자체가 불가능해지기 때문이다. 이와 같이 온-디바이스 인공지능은 디바이스와 외부의 연결을 최소화함으로써 외부와의 의존성으로부터 발생하는 보안 및 해킹 위협을 완화할 수 있다.

07
장소에 제약받지 않는 인공지능

현재 데이터센터 기반 인공지능은 네트워크(인터넷)에 반드시 연결되어야만 서비스를 제공할 수 있기 때문에 공간적인 제약이 존재한다. 반면 온-디바이스 인공지능은 디바이스 자체에서 인공지능 서비스를 수행하므로 네트워크 연결 여부나 공간적 제약 없이 끊김 없는 서비스를 제공할 수 있다.

AI와 윤동주?

네트워크 및 커넥티비티 의존

대부분의 스마트폰, 방범 카메라, 태블릿, 스마트워치, 로봇 등 모바일 혹은 임베디드 디바이스는 인공 신경망을 수행하기 어려운 제한된 컴퓨팅 자원을 갖고 있다. 따라서 현재 인공지능 기술을 필요로 하는 대부분의 지능형 서비스는 이러한 디바이스들이 아닌 데이터센터 서버에서 수행되고 있다. 데이터센터 서버는 GPU와 같은 고성능 인공지능 반도체를 대규모로 구비해 많은 연산이 필요한 인공지능 모델을 구동시킬 수 있다. 이를 위해 각 디바이스에서 수집된 데이터들은 와이파이, 5G 및 6G와 같은 네트워크를 통해 데이터센터로 전송된 후 처리된 결과가 다시 디바이스로 전달된다. 이러한 데이터 송수신 과정은 새로운 데이터가 디바이스에서 발생할 때마다 이루어지며, 이를 위해서는 디바이스가 네트워크에 접근 가능해야만 한다.

이처럼 현재의 고급 인공지능 서비스는 통신 네트워크 및 커넥티비티(connectivity)에 크게 의존하고 있다. 하지만 모든 디바이스가 항상 네크워크에 연결될 수 있는 것은 아니다. 통신 네트워크가 불가능하도록 제작된 디바이스의 경우 데이터를 데이터센터와 송수신할 방법이 없기 때문에 현재의 데이터센터 기반 인공지능 서비스를 수행하는 것이 근본적으로 불가능하다. 정확한 수치를 파악하기는 어렵지만 전 세계에 존재하는 모든 컴퓨팅 프로세서의 약 80%가 MCU로 추정되고 있으며, MCU는 네트워크에 연결되지 않고 독립적으로 작동하는 많은 전자 기기에서 필수적인 역할을 수행하고 있다. 하지만 이러한 디바이스들은 통신 기능이 없어 데이터 송수신이 불가능하므로 인공지능 기능을 제공할 수 없다.

통신 네트워크 기능이 탑재된 디바이스의 경우에도 통신 속도, 지연 시간 및 대역폭에 따라 수행 가능한 인공지능 서비스 및 애플리케이션에 제한을 받을 수 있다. 예를 들어 대용량 비디오를 네트워크를 통해 전송해야 할 경우 고속의 통신 모듈 및 채널이 필요하다. 하지만 고속 통신이 불가능한 디바이스라면 비디오 데이터를 기반으로 한 인공지능 서비스를 수행할 수 없게 된다. 앞으로 각 디바이스가 발생시키는 데이터의 양과 종류가 폭발적으로 증가할 것이라는 점을 고려할 때, 앞으로의 네트워크 인프라가 충분한 통신 속도 및 대역폭을 지속적으로 제공할 수 있을지도 미지수다. 통신 인프라가 수용할 수 없는 범위의 데이터 트래픽이 발생할 경우, 현재 서비스 가능한 인공지능 애플리케이션의 질과 종류가 크게 감소될 것으로 예상된다.

현재 네트워크 기반 인공지능 기술의 또 다른 문제점은 서비스 제공의 지속성과 강건성이다. 디바이스가 데이터를 빠르게 송수신할 수 있는 네트워크 환경에 있을 경우 끊김 없는 연속적인 인공지능 애플리케이션을 구동시킬 수 있다. 하지만 네트워크 서비스가 중단되거나 네트워크를 지원하지 않는 환경으로 디바이스가 이동하게 된다면, 디바이스 데이터를 송수신할 수 없게 되어 정상적으로 수행되던 인공지능 애플리케이션을 수행할 수 없게 된다. 대부분의 통신 및 네트워크 서비스가 이상 없이 제공되지만, 그렇지 않을 경우 인공지능 서비스의 지속성이 보장되지 않을 수 있는 것이다. 또한 오지, 비행기 안, 지하와 같이 통신 환경이 제한된 장소의 경우 데이터 송수신이 불가능하기 때문에 데이터센터 기반 인공지능 서비스를 수행할 수 없게 된다. 이와 달리 온-디바이스 인공지능은 데이터를 외부에 송수신할 필요가 없기 때문에 네트워크 연결 여부와 상관없이 언제 어디서나 지속적이고 강건한 인공지능 서비스 수행이 가능하다.

과도한 데이터 트래픽

다량의 데이터를 주기적으로 송수신해야만 하는 현재의

데이터센터 기반 인공지능 기술은 막대한 통신 데이터를 발생시킴으로써 다양한 문제를 야기할 수 있다. 먼저 데이터 트래픽이 과도하게 증가하면 네트워크 대역폭이 부족해져 데이터 송수신 속도 저하와 지연 문제가 발생할 수 있다. 대규모 데이터 트래픽은 데이터센터의 처리 능력과 저장 공간에 과도한 부담을 주게 되어, 결과적으로 더 많은 전력과 자원을 소비하며 인프라 운영 비용이 상승하고 장기적으로 환경에 부정적인 영향을 미칠 수 있다. 또한 데이터 트래픽이 폭발적으로 증가할수록 데이터의 흐름을 관리하고 보호하는 것이 더욱 어려워진다. 예를 들어 해커가 대량의 데이터를 목표로 삼아 보안 위협(예: DDoS 공격, 데이터 유출)을 초래할 가능성이 높아진다. 이에 더해 대규모 데이터 트래픽을 처리하기 위해 네트워크 인프라를 업그레이드하거나 확장해야 하며, 이는 통신사 및 관련 기업에 막대한 비용 부담을 가져올 수 있다. 예를 들어 대용량 저지연 인공지능 데이터 전송을 위해 6G 네트워크 구축과 같은 최신 기술 도입이 필요할 수 있다. 이는 결국 네트워크 장비와 데이터센터의 에너지 소비량을 높이게 되며, 탄소 배출 증가와 같은 환경 문제를 가속화시켜 인공지능 기술 자체의 지속 가능성에 큰 도전이 될 수 있다. 통신사는 과도한 트래픽 처리로 인한 비용 증가를 사용자에게 전가할 수 있으며, 이로 인해 데이터 요금 상승이나 서비스 품질 저하와 같은 부작용이 나타날 수 있다.

반면 온-디바이스 인공지능 기술을 탑재한 디바이스들의 경우 데이터 트래픽을 발생시키지 않거나 트래픽 발생을 최소화함으로써 이러한 문제를 직접적으로 해결할 수 있다. 온-디바이스 인공지능 기술은 막대한 데이터 트래픽 문제를 완화하기 위해 필요한 효율적인 네트워크 설계, 에지 컴퓨팅 및 데이터 압축 기술의 활용, 지능형 트래픽 관리 알고리즘 도입을 더욱 용이하게 만든다. 이를 통해 네트워크 부담을 줄이고, 비용과 환경 영향을 최소화하면서 안정적인 데이터 송수신을 지원해 인공지능 서비스를 지속적으로 수행할 수 있다.

독립적, 분산적 인공지능

디바이스 자체에서 인공지능을 수행하는 온-디바이스 인공지능은 외부 통신 및 인프라에 의존하지 않는 독립적인 인공지능을 가능하게 하는 기술이다. 이러한 온-디바이스 인공지능 기술의 확산을 통해 컴퓨팅 프로세서를 탑재하고 있는 다양한 디바이스들이 외부 의존 없이 스스로 지능적인 서비스를 수행할 수 있다. 온-디바이스 인공지능 경량화 및 효율화 기술을 적용해 인공 신경망을 최적화함으로써 특정한 지능형 임무를 디바이스 자체에서 수행하는 것이 가능하다. 이는 중앙 집중화된 인공지능과 달리 분산화된 인공지능이라는 새로운 패러다임으로서 작동하게 될 것이며, 다양한 장소에 존재하는 거의 모든 기기의 지능화를 앞당길 것이다. 더 나아가 장소와 네트워크 상황에 제약받지 않는 진정한 유비쿼터스 인공지능의 시대가 도래할 것으로 예상된다.

08
실시간 인공지능 서비스

실시간 인공지능 처리는 인공지능 서비스의 품질을 결정짓는 핵심 요소다. 온-디바이스 인공지능은 지연 없는 실시간 인공지능 처리, 시스템 최적화를 통한 효율적인 서비스 제공 그리고 현장 데이터를 극대화하는 방식으로 실시간 데이터 처리와 빠른 반응을 요구하는 환경에서 중요한 역할을 수행한다.

AI와 한의학?

지연 없는 실시간 인공지능 처리

데이터를 주기적으로 송수신해야 하는 현재의 데이터센터 기반 인공지능의 경우 물리적인 통신 네트워크로 인해 인공지능 애플리케이션 및 서비스의 수행 속도가 지연될 수 있다. 예를 들어 서울과 뉴욕 사이의 거리는 1만 1062km인데 데이터를 서울에서 뉴욕으로 전송할 경우 약 0.2초의 시간이 필요하다. 여기에서 말하는 0.2초의 시간은 핑(ping) 시간, 즉 최소 응답 속도를 의미하며 대량의 데이터를 전송할 경우 훨씬 더 많은 시간이 요구된다. 이렇게 디바이스 데이터를 외부의 데이터센터에 전송해 처리하는 경우 서비스 지연이 필수적으로 발생하게 되며, 이는 실시간으로 서비스되어야 하는 다양한 인공지능 애플리케이션에 큰 문제를 야기할 수 있다.

자율주행 자동차는 실시간 인공지능 기능을 수행해야 하는 좋은 예다. 자율주행 자동차는 차량 앞에 있는 물체를 카메라, 라이다 등의 센서를 통해 탐지하고 고성능 인공 신경망을 사용해 분류한다. 인공지능 모델을 통해 탐지된 장애물이 있을 경우 자율주행 자동차는 이를 피해 주행을 해야 한다. 이러한 물체의 탐지 및 판단은 실시간으로 이루어져야 하는데, 만약 이러한 작업이 지연된다면 큰 사고로 이어질 수 있다. 예를 들어 시속 100km로 달리는 자율주행 자동차의 경우 0.1초 이내에 물체를 탐지하고 분류해 피해야만 물체에 부딪히지 않을 수 있다. 만약 카메라 데이터를 차량 외부의 데이터센터에 전송해 물체를 탐지하고 분류할 경우 0.1초 이상의 지연이 발생하게 되어 사고로 이어질 수 있다. 이러한 처리 지연을 방지하기 위해 대부분의 자율주행 자동차는 인공지능 소프트웨어를 차량 자체에 탑재해 데이터를 처리하고 이해하는 온-디바이스 인공지능 기술을 채택하고 있다. 차량 내 온-디바이스 인공지능은 외부 데이터센터로의 데이터 송수신이 불필요하므로 통신에 필요한 지연 시간이 제거되어 실시간 데이터 처리가 가능해진다.

지연이 없어야 하는 실시간 인공지능의 또 다른 예시는 대화 통역 및 번역 시스템이다. 서로 다른 언어를 사용하는 두 사람이 대화를 할 때, 한 사람이 상대방의 언어를 사용해야 의사소통이 진행될 수 있다. 인공지능 번역은 한 언어를 다른 언어로 번역함으로써 두 사람이 자연스러운 대화를 수행할 수 있도록 해 준다. 만약 한 언어를 다른 언어로 번역하는 데 너무 오랜 시간이 걸리게 되면, 대화가 끊길 수가 있어 자연스러운 의사소통이 불가능하게 된다. 온-디바이스 인공지능 기술은 사용자의 대화를 멀리 떨어진 데이터센터로 전송하지 않고 사용자와 가까운 거리에 있는 스마트폰과 같은 디바이스에서 번역을 수행할 수 있도록 한다. 이를 통해 사용자의 대화가 실시간으로 번역되어 다른 언어로 빠르게 변환될 수 있는 것이다.

시스템 최적화를 통한 실시간 서비스

디바이스에서 직접 데이터를 인공지능으로 처리하고 학습할 경우 디바이스 시스템에 맞도록 인공지능 알고리즘 및 시스템을 최적화할 수 있다. 디바이스가 갖고 있는 컴퓨팅 자원과 특성(예를 들어 프로세서 등)을 고려해 인공지능 애플리케이션 소프트웨어를 최적화함으로써 실시간 인공지능 서비스를 최적의 상태로 빠르게 수행하는 것이 가능하다. 데이터를 디바이스가 아닌 멀리 떨어진 데이터센터로 전송하면 어떠한 시스템 및 환경에서 데이터가 인공지능으로 처리되고 학습될지 모르기 때문에 시스템에 맞도록 인공지능 서비스를 최적화하기가 어렵다. 반면에 디바이스에서 발생한 데이터를 바로 디바이스 자체에서 처리할 경우 디바이스에 맞도록 인공지능 알고리즘 및 소프트웨어를 작성함으로써 높은 속도와 품질의 인공지능 서비스를 실시간으로 지연 없이 수행하는 것이 가능하다.

예를 들어, 최신 스마트폰은 CPU와 GPU 두 개의 프로세서를 탑재한 경우가 많다. 이러한 컴퓨팅 환경을 이기종(heterogeneous) 컴퓨팅이라고 하는데, 많은 연산이 필요한 인공지능 소프트웨어는 하나의 프로세서만 사용하는 것보다 두 가지 프로세서를 병렬로 활용해 구동할 때 더 빠른 처리가 가능하다. 큰 메모리(RAM) 장치를 탑재한 디바이스의 경우 크기가 큰 인공 신경망과 다량의 데이터를 모두 메모리에 로딩한 후 한 번에 수행하면 더 빠른 처리가 가능하다. 이렇듯 데이터가 수집되는 디바이스의 시스템 특성에 맞는 최적화를 통해 실시간 저지연 인공지능 서비스 제공이 가능해질 수 있다.

현장 데이터 활용의 극대화

디바이스 시스템을 잘 이용해 최적화하는 것뿐만 아니라 현장에서 발생하는 데이터를 효과적으로 활용할 경우 실시간으로 인공지능 서비스를 수행하는 것이 가능하다. 예를 들어 디바이스가 비슷한 데이터를 연속으로 수집할 경우, 현장의 상황 변화가 없다는 것을 감지하고 처음 데이터만을 빠르게 처리할 수 있다. 이럴 경우 나머지 비슷한 데이터의 처리는 불필요해지기 때문에 인공 신경망이 수행되는 횟수가 줄어들게 되고, 이는 불필요한 인공 신경망의 추론 횟수를 감소시켜 실시간 데이터 처리가 가능해진다.

이러한 현장의 상황 및 맥락(context)을 인공 신경망에 결합하면 실시간으로 인공지능을 구현할 수 있을 뿐만 아니라 인공지능 서비스의 질도 향상시킬 수 있다. 조금 전의 예와 반대로, 현장에서 발생할 확률이 매우 적은 데이터가 디바이스를 통해 수집될 경우 이 데이터는 다른 데이터보다 더 정밀하게 처리해야 할 필요가 있다. 드물게 발생하는 데이터 혹은 이벤트는 정보 관점에서의 엔트로피(entropy)가 높기 때문에 빈번하게 발생하는 데이터보다 더 많은 정보를 포함할 가능성이 높다. 이러한 데이터를 자세히 분석하고 디바이스에서 처리함으로써 더 세밀하고 높은 수준의 인공지능 서비스 제공이 가능해질 수 있다.

09
맞춤화를 통한 인공지능 개인 비서

온-디바이스 인공지능의 궁극적인 목표는 개인화된 인공지능 에이전트(비서)로의 진화다. 온-디바이스 인공지능은 사용자 개개인이 생성한 고유한 데이터, 환경, 상황 등을 지속적으로 학습해 사용자 맞춤형 서비스를 제공할 수 있다. 이는 현재 제공되는 획일적인 인공지능 서비스를 넘어, 사용자 맞춤형 설루션을 제공하는 새로운 가능성을 열어 준다.

AI와 화장품?

온-디바이스 인공지능의 궁극적인 목표

앞서 논의한 장점과 더불어 온-디바이스 인공지능의 커다란 강점은 인공지능 서비스의 맞춤화 및 개인화가 가능해진다는 것이다. 지금까지 살펴본 온-디바이스 인공지능의 강점은 온-디바이스 인공지능 추론이라고 할 수 있다. 인공지능 추론이란, 학습이 완료된 인공 신경망을 새로운 데이터에 대해 수행해 지능적인 서비스를 제공하는 것이다. 이와 반대로, 인공 신경망의 학습은 다량의 데이터를 통해 인공지능의 성능을 향상시키는 과정이다. 이러한 인공 신경망 학습은 대개 프로세서와 메모리 등의 컴퓨팅 자원이 풍부한 데이터센터에서 오랜 시간에 걸쳐서 이루어진다. 이렇게 오랜 시간과 다량의 데이터로 학습이 완료된 인공 신경망은 사용자 디바이스에 배치되어 인공지능 서비스를 수행하게 된다.

일반적으로 이러한 과정을 통해 디바이스에 배치된 인공 신경망은 모두 동일하게 학습된 것으로서 사용자나 디바이스의 상황 및 데이터를 고려하지 않고 수행된다. 데이터센터라는 공장에서 만들어진 동일하고 획일적인 기성품과 같이 사용자 및 디바이스에 일괄적으로 배치되어 모두 동일한 서비스를 제공하는 것이다. 이와 반대로, 온-디바이스 인공지능의 적용을 통해 각 디바이스의 상황과 사용자 데이터에 맞도록 인공 신경망을 맞춤화 및 개인화하도록 업데이트할 수 있다.

개인화, 맞춤화를 통한 고수준 인공지능

인공 신경망의 온-디바이스 맞춤화 및 개인화는 온-디바이스 학습을 통해 이루어진다. 온-디바이스 학습은 학습이 완료된 인공 신경망을 단순히 수행하는 온-디바이스 추론과 달리 디바이스 자체에서 발생하는 데이터로 인공 신경망을 재학습하는 것이다. 데이터센터에서 일반적인 데이터를 사용해 일괄적으로 학습된 인공 신경망을 디바이스에서 발생한 사용자 및 현장 데이터를 통해 업데이트함으로써 디바이스 및 사용자에 특화된 높은 성능의 맞춤형 인공 신경망으로 업그레이드할 수 있는 것이다. 이를 통해 인공 신경망의 맞춤화 및 개인화가 이루어질 수 있으며, 더욱 유연하고 동적인 인공지능 서비스를 제공할 수 있다.

온-디바이스 인공 신경망 학습은 파인튜닝 혹은 도메인 적응이라는 기술을 통해 이루어진다. 파인튜닝은 사전 학습이 완료된 인공 신경망을 목적하고자 하는 새로운 임무(downstream task)에 맞도록 재학습하는 방법이다. 이와 반대로, 사전 학습이란 대량의 일반적인 데이터를 사용해 인공 신경망을 학습하는 것을 말한다. 이러한 사전 학습은 정해진 목적을 달성하거나 임무를 수행하도록 학습되는 것이 아니라 추후 다양한 목적과 임무에 맞게 인공 신경망이 잘 적응할 수 있도록 범용적으로 학습을 수행하는 것이다. 사전 학습은 주로 비지도 학습(unsupervised learning)이라는 방식을 통해 이루어진다. 비지도 학습은 정답(label)이 없는 데이터를 사용해 학습을 수행하는 방법으로서 높은 비용과 시간을 필요로 하는 정답 도출 과정이 필요 없다. 이렇듯 다량의 데이터를 통해 다양한 임무를 수행할 수 있도록 인공 신경망을 오랜 시간 동안 사전 학습하는 것이다.

사전 학습이 완료된 인공 신경망은 디바이스에서 파인튜닝이라는 과정을 수행하게 된다. 파인튜닝은 범용적인 일반 데이터가 아닌 디바이스에서 발생한 사용자 개인 데이터를 기반으로, 인공 신경망이 목적한 임무를 수행할 수 있도록 조정하는 기술이다. 인공 신경망은 범용 데이터로 충분히 사전 학습이 되어 있기 때문에 다양한 새로운 임무를 수행할 수 있도록 효과적으로 재학습될 수 있다. 이를 최대한 활용해, 파인튜닝은 소량의 디바이스 맞춤 데이터를 통해 특정한 목적을 수행할 수 있도록 빠른 재학습을 수행하는 것이다. 이러한 파인튜닝은 지도 학습(supervised learning)이라는 방법을 통해 이루어지는데, 지도 학습은 정답이 있는 데이터를 활용해 학습을 수행하는 것이다. 대부분의 사용자 디바이스는 프로세서 및 메모리 등 컴퓨팅 자원이 제한되기 때문에 인공 신경망을 효율적으로 재학습할 수 있는 파인튜닝을 통해 디바이스 데이터에 맞춤화된 인공 신경망을 업데이트할 수 있다.

도메인 적응 기술 역시 파인튜닝과 함께 사용되는 온-디바이스 학습 기술이다. 여기서 도메인이란 다른 특성을 갖고 있는 지식 분야나 데이터를 의미한다. 인공 신경망의 경우 도메인(데이터)이 변경되면 인공 신경망을 새롭게 학습해야 하는데, 데이터센터 도메인 데이터를 사용해 학습된 인공 신경망의 경우 현장 도메인 데이터에 적합하지 않을 수 있다. 이러한 경우 데이터센터에서 학습된 인공 신경망이 디바이스 도메인에서는 잘 동작하지 않을 수 있으며, 이는 인공지능 서비스 품질의 저하를 초래한다. 이러한 도메인(데이터) 차이를 극복해 디바이스 도메인에서도 강건하게 동작할 수 있도록 해 주는 방법이 도메인 적응 기술이다. 기존 도메인과 적응하고자 하는 새로운 도메인의 차이를 파악한 후, 새로운 도메인 데이터가 잘 적응할 수 있도록 인공 신경망 재학습을 수행하는 것이다.

학습 가능한 평생 개인 비서

온-디바이스 학습은 이제 막 적용되기 시작한 온-디바이스 추론을 뛰어넘는 차세대 온-디바이스 인공지능 기술이라고 할 수 있다. 일괄적으로 학습된 범용 인공 신경망이 사용자 개인에게 끊임없이 맞춤화됨으로써 지능형 개인 비서의 역할을 수행할 수 있게 되는 것이다. 특히 온-디바이스 인공지능 학습은 변화하는 사용자 및 디바이스 데이터를 끊임없이 학습해 사용자의 요구, 상황, 패턴 및 데이터에 유연하게 적응할 수 있는 평생 개인 비서를 가능하게 할 수 있다. 이러한 평생 학습을 통해 영화 〈아이언맨〉에 나오는 인공지능 개인 비서인 자비스와 같은 개인화되고 개성 있는 지능형 에이전트들이 등장하게 될 것이다.

10
언제 어디에나 존재하는 인공지능

우리 환경에 자연스럽게 융합되는 온-디바이스 인공지능 기술은 언제 어디서나 장소의 제약 없이 실시간으로 맞춤형 및 개인화된 인공지능 서비스를 제공할 수 있는 가능성을 열어 준다. 온-디바이스 인공지능은 기존 인공지능의 한계를 보완하는 혁신적인 설루션으로, 차세대 인공지능 시대를 선도할 핵심 동력으로 기대된다.

종교와 AI?

환경에 자연스럽게 통합되는 인공지능

사용자가 존재하는 공간 및 디바이스에서 발생하는 현장 데이터를 기기 자체에서 즉시 처리하는 온-디바이스 인공지능 기술은 사용자가 인식하지 못하는 자연스러운 인공지능 환경을 조성할 수 있다. 우리를 둘러싼 수많은 디바이스들이 필요한 데이터와 정보를 수집해 스스로 처리하고 학습함으로써 마치 숨 쉬는 공기와 같이 인공지능 서비스가 언제 어디서나 존재하게 될 것이다.

이렇게 온-디바이스 인공지능 기술은 모든 디바이스와 장치에 스며들게 되어 기존의 데이터센터 기반 중앙 집중형 인공지능의 한계인 사용자와 인공지능의 공간적, 시간적 분리를 극복할 것이다. 또한 이러한 인공지능의 보편화는 인공지능 기술 및 데이터의 독점 및 과점을 완화하게 될 것이며, 인공지능이라는 기술의 효용 및 관련된 지식이 소수의 조직에 종속되는 현재의 문제점을 극복할 수 있게 해 줄 것이다. 중앙 집중화된 데이터센터에 의지하는 인공지능 서비스가 아닌 여러 디바이스에 의해 수행되는 온-디바이스 인공지능은 보다 강건하고 유연하며 회복력 있는 지속 가능한 인공지능 환경을 제공할 것이다.

초연결 집단 지능의 등장

오늘 하루 종일 사용한 디바이스가 몇 개나 되는지 한번 세어 보자. 스마트폰, 스마트워치, 이어러블(earable) 장치, 태블릿, 자동차, 노트북, 세탁기, 냉장고 등 그 수가 꽤 많을 것이다. 온-디바이스 인공지능은 디바이스가 개별적으로 인공지능 추론 및 학습을 수행할 수 있게 한다. 현재의 온-디바이스 기술은 개별 디바이스들이 서로 상관하지 않고 독립적으로 작동하게 되어 있다. 하지만 이러한 다양한 디바이스들은 인터넷 네트워크를 통해 서로 연결되기 시작해 IoT라는 그물망을 이루고 있다.

만약 서로 연결된 지능형 디바이스들이 스스로 학습한 지식과 경험을 공유할 수 있다면 어떻게 될까? 디바이스 개별적으로 자신만의 데이터를 활용해 임무를 수행하는 것이 아니라 다른 디바이스의 지식과 경험을 활용할 수 있다면 디바이스 한 대에서 해결할 수 없었던 복잡한 문제도 해결할 수 있게 될 것이다. 이렇게 스마트 디바이스들이 서로 연결되어 학습된 지식과 경험을 공유함으로써 기존에는 불가능했던 초연결 집단 지능을 형성할 수 있다. 이를 통해 개별 디바이스 차원에서 해결이 불가능한 문제들을 집단 지성을 활용해 해결하는 것이 가능하다.

1+1=3 혹은 그 이상을 향해

이러한 초연결 집단 지능은 인간이 지식을 습득하고 공유하며 더 나아가 새로운 지식을 창출하는 과정과 비슷하게 발전할 것으로 예상된다. 한 개인의 정보 수집, 처리, 이해 및 사고 과정을 거쳐 축적된 지식과 경험은 언어 및 문자 등의 커뮤니케이션 도구를 통해 다른 사람에게 전파된다. 이 과정에서 해당 지식과 정보를 갖지 못한 다른 사람은 그 지식과 정보를 습득하게 되며, 자신이 갖고 있는 지식과 정보를 융합함으로써 기존과는 다른 새로운 지식과 정보를 창출하게 된다. 이를 통해 개개인은 서로 다른 분야의 지식과 정보에 전문화될 수 있으며 해당 분야에 더 높은 수준의 지식과 정보를 축적할 수 있게 된다. 만약 개인의 지식 및 정보가 옳지 않을 경우 그러한 지식과 정보는 관련 분야의 다수의 사람들에 의해 교정될 수 있으며, 이를 통해 전체적인 집단 지성의 정확성과 건전성이 유지될 수 있다.

인간의 집단 지성과 비슷하게 디바이스에서 학습된 다양한 분야에 특화된 지식과 정보는 서로 다른 분야와 융합하면서 그전에는 상상할 수 없었던 새로운 지식을 창출할 수 있다. 즉 1+1=2가 아닌, 1+1=3 혹은 그 이상이 될 수 있는 것이다. 이는 인간의 학문에서 발생하는 학제적 연구(interdisciplinary study)와 비슷하다고 할 수 있다. 학제적 연구는 다양한 학문 분야의 지식과 방법론을 통합해 문제를 해결하거나 새로운 통찰을 얻는 연구를 뜻하는데, 인간만이 수행했던 학제적 학습을 통해 인공지능 디바이스들이 지식과 정보의 통섭을 이루게 되는 것이다. 생물학적 지능을 바탕으로 한 인간과 달리, 전자적, 기계적 지능을 바탕으로 한 인공지능 디바이스들은 이러한 학제적 학습을 수행하는 데 그 속도가 매우 빠를 것으로 예상된다. 만약 인간의 개입 없이 이러한 초연결 집단 지능이 빠른 속도로 형성된다면, 수만 년 동안 인간이 축적한 지식을 금세 뛰어넘을 수도 있을 것이다.

1+1=3이라는 이상을 성취할 수 있는 초연결 집단 지능을 가능하게 하기 위해서는 디바이스마다 서로 다른 형태로 나타나는 지식과 정보의 형태를 통일해야 한다. 예를 들어 세계 각국 사람들은 서로 다른 다양한 언어를 사용해 개념과 지식을 표현하는데, 지식의 공유를 위해서는 동일 개념을 나타내는 통일된 언어가 있어야 한다. 마찬가지로 디바이스마다 다른 형태로 표현되어지는 개념 및 지식을 통일해 서로 소통할 수 있도록 해 주는 기술이 필요하다. 공통된 형태로 서로 교환 가능하게 표현된 지식의 융합을 통해 새로운 지식 창출이 가능해야 한

다. 즉 기존의 지식을 조합하고 활용해 기존에 존재하지 않던 개념이나 지식을 창출할 수 있는 새로운 인공지능 학습 메커니즘이 필요하다. 이는 앞서 언급한 동일한 임무를 여러 디바이스가 나누어 수행하는 연합 학습과 달리 기존에 수행하지 못하던 새로운 임무를 익숙한 임무들의 조합을 통해 해결하는 것을 말한다. 이러한 기술적인 문제가 해결된다면 디바이스의 초연결 집단 지능이 완성될 수 있을 것이다.

온-디바이스 인공지능은 여러 가지 형태와 목적으로 자연스럽게 우리 삶에 스며들 것이다. 공간적, 시간적으로 제한받지 않는 서로 연결된 지능화가 모든 디바이스 및 환경에서 이루어질 것이며, 이는 우리가 숨을 쉬는 데 필요한 공기와 같이 언제 어디서나 존재하는 진정한 인공지능 시대를 가능하게 할 것이다.

이슬기

울산과학기술원(UNIST) 컴퓨터공학과(CSE) 및 인공지능대학원(AGIS) 조교수로 재직 중이며, 임베디드 인공지능 연구실(EAI Lab)을 이끌고 있다. 노스캐롤라이나대학교 채플힐 캠퍼스(UNC)에서 컴퓨터과학 박사 학위를 받았다. 삼성전자에서 선임연구원으로 재직했으며, 미국 노키아벨연구소(Nokia Bell Labs)와 메르세데스 벤츠 북미 연구개발센터(Mercedes-Benz Research & Development North America)에서 연구 인턴으로 활동했다. NeurIPS, AAAI, ICLR, KDD, AISTATS, ACM MobiSys, SenSys, IPSN, UbiComp(IMWUT), IEEE RTAS 등 임베디드 시스템 및 인공지능 분야 국제 학회에서 다수의 논문을 발표했으며 최우수 논문상, 최우수 논문 후보상, 최우수 발표상 등을 수상했다.